색채의 상징, 색채의 심리

차례
Contents

색채에 대하여

마음이 답답해서 무언가 새로운 변화를 맞이하고 싶을 때 사람들은 흔히 여행을 떠올린다. 여행을 통해서 기분전환이 가능하기 때문이다. 그런데 여행을 통해서 마음에 새로운 바람을 느끼는 것은 무슨 까닭일까 생각해보면, 의외로 그 연원은 색채에 도달한다. 늘상 보던 눈에 익은 사물이 아닌 새로운 색감(色感)을 안겨주는 자연 경치와 풍물을 접함으로써 신선함을 느끼게 되는 것이다.

색채는 비단 여행뿐만 아니라 심리·과학·문화에도 크게 반영되어 있어서 그 사연을 찾아보면 참으로 다양한 분야에 색채의 상징이 있음을 알 수 있다. 그것은 색의 광맥을 캘수록 더욱 강하게 느낄 수 있으며, 세계적 공통분모뿐 아니라 각 나라 혹은 분야별 특성을 발견하게 된다.

예컨대 대부분의 나라에서 황금색이 널리 사랑받는 것은 '색채 공통 문화'의 대표적 예이고, 이슬람문화권에서 행운의 색으로 대접받는 초록색이 서양에서 요상한 색으로 여겨지는 것은 '색채 차이 문화'의 한 예라고 할 수 있다.

그런가 하면 계절에 따라 떠올리는 색채 이미지가 다르고, 사람마다 좋아하는 색이 다른데, 이는 색채가 단순히 그냥 존재하는 것이 아니라 인간심리에 강하게 작용하고 있음을 일러주는 것이기도 하다.

그렇지만 우리는 색채에 대해 막연한 느낌으로 대하는 일이 많다. 색채는 겉으로 풍기는 이미지 이외에 또 다른 말을 하고 있는데도 말이다. 가령 평상시에는 회색이 싫었는데 최근 들어 자꾸 눈에 들어온다면 심리적으로 사회에 대한 자신감을 상실했거나 개인적으로 누군가에게 상처를 받았을 가능성이 크며, 따라서 어떤 자극에 의해 마음에 변화를 줄 필요가 있다. 하지만 대부분의 사람들은 색채가 암시하는 그런 이성적 정보를 감지하지 못하고 감성적으로 다가오는 느낌만을 색채의 전부로 안다. 색채를 문화적으로는 물론 이성적으로도 살펴보아야 하는 이유가 여기에 있다.

필자는 기본적으로 색채에 담긴 문화를 조명하되 아울러 그 이면에 숨어있는 과학적 원리를 고찰하였다. 다시 말해 색 자체가 뿜어내는 고유 에너지는 물론 인간이 특정한 목적을 위해 의도적으로 색에 상징성을 부여한 사례들을 밝히려 노력하였다. 또한 실생활에서 활용할 수 있는 색채요법을 적절히 다룸으로써 실용서로서의 역할을 더불어 추구하였다.

따라서 독자 여러분이 이 책을 통해서 사물에 담긴 색채의 상징과 이성적 정보를 어느 정도 이해하게 된다면, 이는 필자의 보람이다. 아무쪼록 흥미로운 시각에서 색채과학문화를 즐기고 동시에 자신의 삶을 멋진 색채로 꾸미기를 바라마지 않는다.

자연과 인종

자연색과 인간 : 고향을 떠나면 왜 그리워질까

2002년 1월, 미국 존스홉킨스 대학의 칼 글레이즈브룩(Karl Glazebrook) 박사 연구팀은 '우주는 연한 청록색'이라는 흥미로운 학설을 발표했다. 우주 안에 있는 20여 만 개의 은하계를 밝기에 따라 수치화하고 합산한 결과 청록색이 나왔다고 했다. 그러나 이로부터 두 달 후 미국의 천문학자들은 자신들의 연구에 잘못이 있었음을 시인하면서 '우주는 옅은 베이지색'이라고 수정 발표했다. 이는 많은 과학자들과 색채전문가들이 연구팀의 보고 내용을 재현하는 과정에서 오류를 발견하여 이를 연구팀에 알려준 데 따른 조치였다.

미국 천문학자들은 우주의 나이와 별들의 변화에 더 큰 비중을 두고 연구했지만, 세간에서는 우주의 색깔에 더 큰 관심을 보였기 때문에 빚어진 해프닝이었다. 사람들은 그만큼 색채에 민감하다. 왜 그럴까?

빛이 있음에 색이 있다. 어둠 속에서는 색은커녕 물체의 존재 자체도 판단하기 어렵지만 밝은 빛 아래에서는 사물 특유의 색채를 명확히 볼 수 있다. 하늘은 파랗고 나뭇잎은 초록색이며 땅은 황토색이다. 심지어 무지개는 일곱 빛깔로 사람들의 눈길을 끌고, '비가 그친 뒤 떠오른 무지개를 보면 행운을 얻는다'라는 속신까지 있다. 왜 이렇게 사물마다 다른 색을 지니고 있는 것일까?

빛은 여러 가지 색 파장으로 이루어져 있다. 1666년 영국 물리학자 뉴턴은 프리즘을 이용한 분광실험을 통해 빛이 빨강·주황·노랑·초록·파랑·남색·보라색의 7가지 스펙트럼으로 구성되어 있음을 과학적으로 처음 규명했다.

또한 이 실험으로 인해 우리가 일곱 색깔 무지개를 한꺼번에 볼 수 있는 것은 작은 물방울 입자가 분광작용을 일으키는 덕분임이 밝혀졌다. 인류가 오랜 세월 무지개를 보며 느꼈던 매우 색다른 감흥은 기실 사람들이 평소 감지하지 못했을 뿐이지 존재하지 않은 것이 아니었다.

그런데 색은 나름의 파장과 주파수를 가지고 있다. 빨강의 파장이 가장 길고 보라색이 가장 짧으며, 주파수에 따라 다른 색 지각을 일으킨다. 쉽게 말해 따뜻한 계통의 색일수록 투과율이 높고 차가운 계통의 색일수록 투과율이 낮다.

우리의 눈에 시시각각 하늘의 색이 다르게 보이는 것도 바로 이러한 파장과 주파수의 작용 때문이다. 낮에는 빛의 거리가 짧아 단파의 산란작용이 일어나 하늘이 파랗게 보이지만 해질 무렵에는 빛이 통과해야 하는 대기층의 거리가 길어지는 까닭에 파장이 긴 붉은 계통의 색들만이 우리 눈에 들어오면서 붉은 노을을 보게 되는 것이다.

뿐만 아니라 빛은 만물에 비칠 때 굴절·산란·흡수·반사 작용을 거쳐 우리 눈에 도착한다. 그에 따라 우리는 같은 사과를 보더라도 각도에 따라 붉은색의 농도를 다르게 느끼게 된다.

그러므로 물체 그 자체가 색을 가지고 있는 것이 아니라 물체 표면에서 반사되는 빛의 특성에 따라 색채가 결정되는 것이다. 이를테면 긴 파장을 많이 반사하고 짧은 파장을 흡수하면 붉은색으로 보인다. 또 같은 물체라도 형광등과 같은 백색전등에서 보는 것과 백열전등과 같은 황색전등에서 볼 때 생기는 차이도 파장의 차이에서 일어나는 현상이다.

그렇지만 그 모든 상황을 초월하여 기본적으로 존재하는 것이 있으니 바로 자연색이다. 자연색이란 인간이 자연에서 느끼는 색채를 말하며 사람의 성장환경과 밀접한 관련이 있다. 사람은 인공적인 색채에서는 화려하고 강한 자극을 느끼지만, 자연 색채에서는 있는 듯 없는 듯한 반응을 보이게 된다. 자연 색채의 대부분은 낮은 채도(彩度, 빛깔의 농도)를 갖고 있는 까닭이다.

묘하게도 인간은 자연 색채를 벗어났을 때 향수병에 잘 걸

태어난 곳을 떠나 다른 곳에서 지낼 경우 대부분 나이를 먹으면서 옛날을 그리워한다. 이때 떠오르는 고향의 이미지는 사람과 지역 경치의 결합물이다.

린다. 특히 도시를 고향으로 한 사람에 비해 농촌·산촌·어촌 등 경치 있는 곳을 고향으로 한 사람이 훨씬 더 고향을 그리워하게 된다. 자연 색채 때문이다.

인간의 잠재의식 속에 그토록 자연 색채가 깊게 자리한 이유는 무엇일까? 그것은 끊임없이 달라지는 자연 색채의 변화무쌍에 있다.

집 밖으로 나와 트인 자연환경을 아침부터 저녁까지 한번 살펴보라. 안개 자욱한 새벽은 은은한 회색이요, 솟아오른 태양은 붉은색이며, 대낮의 하늘은 파란색이요, 저녁에는 그러데이션(gradation, 색의 부드러운 점진적 변화) 효과가 강렬한 주황색일 것이다.

자연 색채의 특징은 그것만이 아니다. 자연색에는 보색(補色)이 잘 조화되어 있다. 보색이란 색상이 다른 두 색을 적당한 비율로 혼합하여 무채색이 될 때, 그 두 색을 서로 일컫는 말이다. 빨강과 초록, 주황과 파랑, 노랑과 보라색이 대표적이며 반대색이라고도 한다.

보색은 잔상을 남기는 특성이 있다. 어떤 빛깔을 한참 쳐다본 뒤에 갑자기 흰 종이에 시선을 옮기면 보색의 영상이 보이는 현상을 보색잔상(補色殘像)이라고 하는데, 이는 그만큼 보색이 강렬하게 작용함을 의미한다. 장미가 많은 사람들에게 사랑받는 연유도 따지고 보면 붉은 꽃잎과 초록 나뭇잎으로 대비되는 보색이 큰 작용을 하기 때문이다.

정리해 말하자면 자연 색채는 모성(母性)에 다름 아니다. 항시 곁에 있으면서도 나의 시선과 마음을 묵묵히 받아줄 뿐 결코 그 어떤 것도 강요하지 않는 어머니의 마음이 곧 자연 색채인 것이다.

우리는 이런 자연의 색채를 크게 느끼지 못하지만 실제로는 강한 인상을 받기에 한동안 고향을 보지 못하면 그리워하게 되는 것이다. 결국 고향이란 성장하면서 머릿속에 형성된 색채 이미지가 인간에 대한 그리움과 결합되어 나타나는 영상인 셈이다.

계절과 상징색 : 일출과 석양이 사람의 감정을 좌우하는 까닭

일출과 석양은 분명 태양이 지평선(혹은 수평선)과 맞닿아 있다는 점에서 똑같지만 사람이 느끼는 감정은 확연히 다르다. 새벽에 해뜰 때의 하늘은 파란색을 기조로 하여 선명한 노랑이 강한 빛을 내뿜고 있는 반면, 저녁에 해질 때의 하늘은 주황색을 기조로 하여 어두운 노란색과 탁한 붉은색이 그러데이션 효과를 드러내고 있다.

묘하게도 사람은 그런 색을 통해 활기를 얻거나 생기를 잃는다. 동트는 새벽의 파랑에 활기를 얻으며 일터로 나가는가하면, 검붉은 저녁노을을 바라보며 휴식 혹은 허무를 느끼는 것이다. 그렇게 생각하면 일출을 보며 사는 한반도 동쪽 사람들이 시끄러울 정도로 활기 넘친 기질을 지닌 데 비해, 석양을 보며 사는 한반도 서쪽 사람들이 차분하면서도 한(恨) 많은 정서를 지니고 있음도 자연 색조와 무관해 보이지는 않는다.

하루가 이러할진대 계절은 더욱 강력한 색채를 보여 주고 있다. 계절은 날씨가 더워지거나 추워지는 단순한 기후 변화만이 아니다. 계절은 다양한 색채 변화를 통해 인간에게 절대적 영향을 끼치는 자연의 움직임으로써 생명의 순환을 좌우하기도 한다.

초록빛 싱싱한 봄에서부터 눈 덮인 흰색 겨울에 이르기까지 계절은 나름의 색을 통해서 인간에게 어떤 메시지를 보내고 있는 것이다. 그러하기에 인간이 느끼는 감정은 계절에 따라 달라

1966년 미국에서 개봉된 영화 「The Endless Summer」 포스터이다.
여기서 석양은 종말을 상징한다.

지고, 사시사철 짙은 녹색을 뿜어내는 열대지방 사람들과 온통
얼음과 눈 천지인 극지방의 사람들은 생각과 행동에 큰 차이를
보이고 있다.

봄의 상징색은 밝은 연두색과 노란색이다. 갓 피어난 어린 나뭇잎은 연두색으로 생기를 보여 주고, 개나리는 선명한 노란색으로 활기를 전한다. 이에 따라 사람들은 생명의 기운을 느끼며 움직이고픈 충동을 받는다. 대부분의 문화권에서 봄에 나들이와 축제가 많은 것도 그 때문이다. 또한 봄에 많이 보이는 번쩍이는 노란색은 시선을 잡아끄는데 같은 맥락에서 사람들은 작은 변화에도 큰 관심을 나타낸다.

여름의 상징색은 다양한 녹색이다. 풀을 비롯하여 나무와 꽃들은 많은 잎을 통해 갖가지 초록색을 내비치며, 숲속 바위에 붙어있는 이끼들도 녹색의 행진에 참여한다. 녹색은 사람에게 안정감을 주는 색이다. 따라서 사람들은 움직임보다는 가만히 있기를 좋아하게 된다. 그런가 하면 여름은 습도가 높은 계절이니만큼 하늘에는 흰 구름이 떠다니는 날이 많다. 흰색은 가끔 현실을 벗어나고픈 충동을 불러일으키는 바, 일상에서 벗어나 여행을 하고픈 마음이 일어남은 자연스러운 일이다.

가을의 상징색은 가라앉은 붉은색이다. 빛바랜 낙엽의 갈색에서부터 울긋불긋한 단풍의 빨강에 이르기까지 차분함과 화려함이 교차하기도 한다. 색의 변화가 극명한 계절인 까닭에 마음 역시 들뜨거나 고요해지는 등 높고 낮은 굴곡을 보인다. 마치 호화찬란한 잔치를 통해 한껏 고취된 기분을 느끼고, 잔치가 끝난 뒤에는 어쩐지 허전함을 느끼는 것과 같다.

겨울의 상징색은 무채색이다. 무채색은 흰색·검은색·회색처럼 명도(明度)의 차이는 있으나 색상과 채도가 없는 색을 의미한다. 채도(彩度)가 빛깔의 진한 정도를 뜻하는 데서 짐작할 수 있듯, 겨울은 사람의 감정에 울림을 주지 않는다. 무덤덤하게 지켜보고 사색하게 만든다. 한편으로 겨울은 파란색을 통해 절제된 힘을 일깨워준다. 이때의 파란색은 더 이상 손댈 데 없는 완벽한 이미지 또는 근접할 수 없는 힘을 상징한다. 그림에서 얼음이나 눈(雪)의 음영을 그릴 때 실제의 회색보다 엷은 파란색을 더 많이 사용하는 이유도 그런 상징과 밀접한 관련이 있다.

이처럼 자연은 알게 모르게 다양한 색상의 변화를 보여 준다. 특히 나뭇잎은 나무 종류에 관계 없이 모두 초록에서 출발하지만 성장하게 되면 나무별로 제각각 녹색·붉은색·오렌지색 등 여러 색채를 보여 주다가 마지막에는 갈색으로 종지부를 찍는다. 어쩌면 이는 태어나 방긋거리고 웃다가 서서히 일어나 걷고 활발하게 일하다가 점차 늙어 죽게 되는 사람의 일생인지도 모른다.

요컨대 자연은 점진적이거나 급격한 색채 변화를 통해 인간에게 여러 세계가 공존함을 일러주고 있다.

지역과 인종 : 노예의 대부분은 왜 유색인종이었을까

예부터 우리 나라에서는 백옥같이 흰 피부를 아름다운 여인의 첫째 조건으로 여겼다. 비단 우리뿐만 아니라 대부분의 문화권에서도 여인의 피부색은 흰색이 으뜸으로 꼽혔다. 하지만 르네상스 시대 프랑스 궁정의 귀부인들은 검은색 얼굴들을 하고 다녔다. 왜 그랬을까?

르네상스 시대에는 자연스럽게 욕망을 발산하는 게 유행이었다. 근엄한 표정으로 예절만 찾거나 욕망을 억누르는 인내는 전혀 인간답지 못한 일로 여겨졌고 집안에 갇혀 지내는 것도 그다지 좋은 말을 듣지 못했다.

사람들은 자연스레 밖으로 돌아다녔으며 야외생활이 많아지면서 여러 가지 스포츠와 게임이 생겼다. 남녀를 가리지 않고 모두들 거기에 열중하며 즐겁게 시간을 보냈다. 그 중에 사냥은 왕후귀족의 스포츠로서 가장 널리 행해졌다. 왕족들은 사냥을 할 때 사랑하는 여인을 데리고 다니기 일쑤였다. 자연히 이 취미는 여성들에게도 퍼졌고, 여성들의 피부는 적당히 그을려졌다.

어느 문화권이든 상류사회 여인들이 곧 미인의 기준이 되는 법이다. 따라서 당시 프랑스에서는 거무튀튀한 피부색이 매력적인 미인의 으뜸 조건이 되었다. 여성들은 집 밖에 의자를 가지고 나와 독서나 뜨개질을 할 정도였다.

요컨대 인위적으로 만든 환경에서 탄생한 피부색이 미인의 기준이 된 것이니, 결국 사람들이 호감을 느끼는 피부색은 관념에 따라 달라질 수도 있음을 알 수 있다.

요즘에는 인터넷과 텔레비전으로 인해 세계가 한마당이 되었고, 인종을 넘어서서 문화를 공유하는 경우도 드물지 않다. 지구촌 곳곳에서 팔리는 코카콜라가 그렇고 세계적으로 널리 사랑받는 축구가 그렇다. 그렇지만 근본적으로 인종에 따른 기질과 정서는 분명히 존재한다. 그들이 태어나서 성장한 자연환경과 유전적으로 물려받은 피부색이 그들만의 색채 반응을 낳고 그들만의 감정을 불러일으키는 것이다.

인류를 단 몇 개의 인종으로 구분하기는 힘들다. 황인종이라 하더라도 동북 아시아와 동남 아시아의 피부색이 다르고, 흑인종이라 하더라도 아

역사를 돌이켜보면 노예생활을 한 인종은 대부분 유색인종이었다. 인체가 태양과 환경에 적응했듯 품성 역시 외부의 강요를 순순히 받아들였기 때문에 그런 것으로 여겨진다.

프리카 원주민과 아메리카 이주민의 피부색에 차이가 큰 까닭이다. 더군다나 그 안에서도 미묘한 차이가 있으니 차라리 백인종과 유색인종으로 구분하는 것이 나을지도 모른다.

백인종의 경우 대부분 춥고 일조량이 적으며 날씨가 흐린 지역에 살고 있다. 백인종의 피부는 하얗거나 붉으며 눈동자는 파랗고 안쪽으로 깊이 들어가 있다. 머리카락은 금발이다. 북유럽이 백인종의 본산으로서 스웨덴·노르웨이 등지에 금발 여성이 많다. 이들은 파랑·초록 등 짧은 파장의 색에 민감하게 반응하며 정적인 기질을 지니고 있으면서 한편으로 공격적이다. 눈부신 햇살로부터 눈을 보호하기 위한 선글라스가 백인들에

의해 발명되고 주로 사용하는 이유도 유색인종보다 백인들이 시각이 약하기 때문이다.

기본적으로 유색인종은 일조량이 충분한 지역에 살고 있다. 일조량이 많으면 흑인종, 적당하면 황인종이 된다. 피부색은 멜라닌 색소의 많고 적음에 따라 달라지는데, 멜라닌이 많을수록 피부색이 검다. 황인종의 경우 머리카락은 짙은 갈색이고 눈동자는 검은색이다. 사고력이 왕성하고 활발한 기질을 지니고 있다. 이에 비해 흑인종은 피부색은 물론 머리카락과 눈동자 모두 검은색이다. 눈과 입술이 돌출되었고 눈이 큰 편이다.

흥미롭게도 태양광선을 받아들이는 피부색을 지닌 사람들은 자연에 순응하며 사는 경향이 강하다. 아프리카 밀림 속에서 살아온 흑인들이 문명을 건설하는 일보다 그날그날의 운명에 만족하며 산 것도, 아메리카 원주민들이 자연친화적인 삶을 산 것도 피부색과 관련이 있다.

황인종인 동양인들 역시 자연에 순응하면서 정신세계의 가치를 높이 평가하며 살았으며, 위계질서가 분명한 사회를 이루었다. 한·중·일 삼국에서 장유유서(長幼有序)가 확립된 것은 우연이 아니었다. 다시 말해 유색인종은 햇빛을 받아들이는 것처럼 운명의 변화를 담담히 받아들였던 것이다.

백인들은 유색인종의 그런 면모를 간파하고 적극 이용했다. 아프리카를 발견하자마자 흑인종을 즉각 노예로 부리기 시작했으며, 동양에서는 상류층을 협박하거나 유혹하여 정권을 장악하고는 손쉽게 식민지로 삼았다.

백인종이라면 그렇게 오랫동안 노예의 처지를 받아들이며 살지 않았을 것이다. 자연에게서 부족함을 느낀 정서는 백인종을 공격적으로 만들었으며 개인주의적 성향을 지니게 했다. 아시아나 아프리카보다 유럽에서 먼저 시민국가가 탄생한 역사도, 유럽이 땅덩이에 비해 훨씬 많은 국가가 생긴 것도 그런 백인들의 개인주의적 기질과 무관치 않다.

그런가 하면 사계절이 있는 지역의 사람들은 대체로 감성이 풍부하다. 한국인도 그 중 하나로서 자신의 일은 물론 타인의 일에도 관심이 많고 사회공동체의식이 강하며 때로 넉넉한 인정을 베풀고 산다. 변화 많은 환경에서 공동으로 생존하기 위한 지혜의 문화라 할 수 있다. 자연은 햇빛으로 사람의 피부색과 복종심을 만들고, 계절과 환경의 색채로 사람을 지배하는 셈이다.

식물과 색채 : 나무가 좋아하는 색은 초록색이 아니다

나무는 대체로 두 가지 색을 기본으로 지니고 있다. 몸체를 이루는 황갈색과 나뭇잎에 나타나는 초록색이 그것이다. 때문에 사람들은 나무를 떠올릴 때 그런 색 이미지를 당연하게 여기며 초록색에서 안정감을 느낀다.

그렇다면 나무가 좋아하는 색은 무엇일까? 아마도 초록색이라고 생각하는 이가 많을 것이다. 나뭇잎도 그렇거니와 숲의 주류를 이루는 색상이 초록이기 때문이다. 하지만 실제로는 그렇지 않다. 나무는 공기중에서 섭취한 이산화탄소와 뿌리에서 흡수한 물로 엽록체 안에서 탄수화물을 만드는 작용(탄소동화작용)을 할 때 붉은색을 흡수하고 초록색을 반사한다. 붉은색이 영양소의 움직임을 원활하게 돕기 때문이다. 그렇게 볼 때 초록색은 나무에게 달리 필요가 없는 쓸모 없는 색이다.

그런데 초록색은 나무에게 버림받았을 뿐 인간에게는 큰 사랑을 받는다. 평화롭고 안정된 느낌을 주는 까닭이다. 나무는 인간이 내쉰 이산화탄소를 받아들이고, 인간은 나무가 내쉰 산소를 받아들이며 살아간다는 점을 감안하면 나무와 인간은 색채에서도 서로 도우며 공존하는 셈이다.

나무가 여럿 모이면 숲이 되는데, 숲의 색채는 지역에 따라 미묘한 차이가 있다. 기후가 추운 한대지방에 경쟁적으로 쭉쭉 솟아있는 침엽수림은 짙은 녹색으로 단순하고 상쾌한 느낌을 준다. 이에 비해 따뜻한 온대지방에서 촘촘하게 어울려 있는 침엽수림과 활엽수림은 온화한 초록색이 주조를 이루면서 평온하면서도 담백한 느낌을 준다. 그런가 하면 무더운 열대지방에서 제멋대로 얽혀있는 활엽수림은 따뜻한 녹색으로 자유분방하면서도 화려한 느낌을 준다.

숲은 이렇듯 생김새뿐만 아니라 색을 통해 사람들에게 독특한 느낌을 준다. 물론 사람들은 그러한 색 이미지를 자신도 모르게 받아들이고 배우며, 의식주에 자연스럽게 반영한다. 벼농사가 성행하는 농촌에 빛바랜 갈색 볏짚으로 지붕을 잇고 벽에 황토를 바른 초가집이 세워진 것이나 침침한 침엽수림이 많은

나무는 나뭇잎의 초록빛깔로 인간에게 평화를 주지만, 정작 나무는 초록색을 좋아하지 않는다.

지역에 어두운 색깔의 벽돌집이 세워진 것도 이런 배경에서이다. 인간이 알게 모르게 식물의 색이 환경을 결정지은 것이다.

인간이 환경에 지배될 때는 자연이 주는 색채를 그대로 느끼며 살았으나, 인간이 문명을 건설하면서부터는 점차 식물을 이용하기 시작했다. 때론 식량 확보를 위해 때론 관상을 목적으로 식물 재배에 관심을 가진 것이다. 그 과정에서 빛의 색채가 식물에 어떤 영향을 끼치는지 어느 정도 밝혀졌다.

처음으로 식물 성장과 빛의 색채를 연구한 사람은 프랑스의 생물학자 테시에(Tessier)이다. 그는 1783년 식물 위에 그물을 씌운 다음 그물 빛깔을 여러 가지로 바꾸며 어떤 색이 식물 성장에 도움이 되는지 살펴보았다. 테시에는 뚜렷한 성과를 거두지는 못했으나, 그 후 여러 과학자들이 색 유리 실험을 통해 주목할 만한 연구결과를 내놓았다. 그 결과 일부 학자는 파란색이 유익하다고 했지만, 대부분의 학자는 붉은빛이 식물의 발육을 돕는다고 주장했다. 화훼 선진국으로 여겨지는 네덜란드에서 오늘날 원예와 딸기의 재배에 빨간 빛을 내는 네온증기등을 사용하고 있는 것은 이런 연구에 바탕을 두고 있다.

정리해 말하자면, 식물은 붉은빛을 좋아하고 초록색을 싫어한다. 그리고 눈으로 볼 수 있는 가시광선을 좋아한다. 파장이 짧은 자외선을 받으면 성장에 장애를 겪으며, 눈에 보이지 않는 적외선을 만나면 엽록소의 활동이 움츠러든다. 결국 식물은 인간과 같은 색상을 보며 사는 것이다.

동물과 색채 : 모기는 파란색을 좋아한다

인간이 느끼는 색은 실제로 존재하는 물체가 아니다. 색은 시신경을 통해 들어온 빛이 두뇌에서 색상으로 반응하는 감각일 뿐이다. 빛에 따라 저마다 다른 고유 파장의 차이에 의해 빛깔을 구별하는 감각을 색각(色覺)이라 한다.

그런데 색각을 지닌 생명체는 인간만이 아니다. 곤충은 물론 새와 물고기, 포유동물들도 모두 나름의 색각을 갖고 있다. 차이가 있다면 보는 색이 저마다 다르다는 점이다.

곤충의 경우 녹색·파란색·보라색에 민감한 반응을 보이며, 노란색과 붉은색에는 별다른 관심이 없다. 이를테면 꿀을 좋아하는 벌은 파란색·보라색·자주색을 좋아하고 붉은색을 싫어한다. 야행성 곤충들은 파란색을 좋아하는데, 동물을 괴롭히는 모기는 파란색을 특히 좋아하고 노란색을 싫어한다. 또한 벌은 사람이 보지 못하는 자외선 영역의 파장도 볼 수 있다고 한다.

곤충학자들의 연구에 따르면 곤충들이 파란색을 좋아하는 이유는 빛의 성질에 있다. 파란색은 곤충들이 좋아하는 자외선과 비슷한 색인 까닭에 다투어 몰려든다는 것이다. 그렇게 보면 여름 밤 모기장 안으로 들어오려 기를 쓰는 모기들의 행위와 파란 모기망 색깔도 어느 정도 상관관계가 있다고 보인다. 관습적으로 파란색 모기장을 만들 게 아니라 노란색 모기장을 선보인다면 모기의 공습을 피하는데 한결 큰 역할을 할 것이다.

실제로 노란색 모기장이 있었다. 그것도 바로 우리 나라에서 말이다. 조선시대 대궐에는 숲이 많아서 모기가 유난히 극성스러웠다. 그래서 모기장이 필수적이었다. 왕의 침전에서 쓰는 모기장은 노란색 명주실로 만들었는데 가장자리에 자주색 비단으로 선을 둘렀다. 이는 모의방(毛衣房)에서 만들었으며 모기장 아래 네 귀퉁이에는 은(銀)으로 만든 거북이 달려 있어 들리지 않고 늘어지게 돼 있었다. 조선 왕실의 노란색 모기장은 지혜의 소산인지 우연의 일치인지는 모르나, 모기가 싫어하는 색깔이라는 점에서 주목할 만하다.

모기가 좋아하는 파란색을 독사가 싫어한다는 점도 흥미로운 사실이다. 1850년대 초엽 미국 서부의 금광지역에서 작업용 갈색 바지를 만들어 팔던 리바이 스트라우스(Levi Strauss)가 훗

1970년대 죠다쉬는 블루진을 광고하면서 섹시한 개성을 강조했다. 독사의 접근을 막기 위해 파랗게 물들인 작업복이었던 청바지는 이때부터 젊은이들의 개성적인 바지로 변신했다.

날 바지 옷감을 데님(Denim)으로 바꾸면서 파란색 염료로 염색한 것도 독사를 물리치는 실용성에 이유를 두고 있다. 청바지에 표시된 '인디고컬러(Indigo Colour)'는 인도 원산지 콩과식물에서 우려낸 색을 의미하는데 바로 이 색이 독사의 접근을 막아준 까닭이다.

물고기의 경우 파란색을 좋아하고 빨간색은 무서워하거나 좋아하는 두 가지 대조적인 반응을 보인다. 어항 바닥에 파란색을 칠하면 물고기들은 편안한 장소로 여겨 잘 적응하지만, 붉은색 유리를 가로세워 놓으면 호흡이 가빠진다. 일반적으로 운동이 없는 상태에서 호흡이 빨라지는 것은 몹시 좋아하거나 두려움에 빠졌을 때뿐이다. 따라서 물고기가 붉은색을 보고 나타내는 반응은 관심·공포 따위의 긴장상태가 될 수밖에 없는데, 그 이유는 물고기에게 붉은색이 보기 힘든 광선이라는 데있다. 빛이 물을 통과하는 동안 붉은빛이 물에 바로 흡수되는까닭이다.

이런 특성을 감안하여 유혹하기 위해 의도적으로 붉은빛을내는 물고기도 있다. 가시고기가 대표적인 예로서 가시고기의수컷은 산란기가 되면 빨갛게 변한 복부로 암컷의 관심을 이끌어낸다. 하지만 이렇게 특수한 상황을 제외하고 대체적으로 물고기들은 붉은색을 기피하는 경향이 있다.

포유류는 어떠할까? 동물의 세계에서는 강자이지만 색채의세계에서는 약자에 다름 아니다. 볼 수 있는 색채가 극히 적고다른 생명체에 비해서 색각이 약하기 때문이다. 인간이 처음길들여 가축으로 만든 개의 경우 거의 색맹이며, 소의 경우 붉은색을 느끼지 못한다. 다만 인간과 가까운 원숭이와 침팬지는어느 정도의 색각을 갖고 있다.

그렇다면 투우에서 투우사가 황소를 자극하기 위해 흔드는붉은색 망토는 전혀 근거 없는 행위임을 알 수 있다. 다시 말해스페인의 투우사가 소에게 붉은 망토를 흔드는 것은 색이 아닌동작으로서 유혹하는 표현이다.

소는 색맹이어서 붉은색을 느끼지 못하며, 붉은색에 적개심을 느낄 수 없다. 황소가 달려드는 것은 투우사가 망토를 흔드는 행위에 흥분하여 취하는 행동이다. 그러므로 파란색 또는 초록색 망토를 흔들어도 소가 달려들기는 마찬가지인데, 투우사가 굳이 붉은 망토를 흔드는 것은 사람들에게 보여 주기 위한 일종의 쇼맨십일 뿐이다.

색채학자들에 따르면, 붉은색을 보고 흥분하는 것은 황소가 아니라 사람이다. 사람들은 투우사의 용감한 행동이 마치 자신이 용기를 부린 일처럼 대리만족을 느끼는 것이며, 피를 보고 흥분함으로써 일상의 스트레스를 씻어버린다.

그런 점에서 인간은 색채에 관한 한 다른 동물보다 축복받은 존재라 할 수 있다. 대략 160개의 색조(色調)를 구별할 수 있을 뿐만 아니라, 같은 나뭇잎이라 할지라도 아침에 보는 빛깔과 저녁에 보는 빛깔에서 다른 기분을 느낄 수 있기 때문이다. 인간이 다른 동물보다 풍부한 감성을 지니고 있는 것도 이런 색각 덕분이다.

국가와 민족

장례의 상복은 왜 검은색인가

서양은 물론 중동·아프리카 등 대부분의 나라에서 상복 (喪服)은 검은색이다. 이 세상의 많은 민족들은 검은색을 보며 밤과 죽음을 떠올리고 장례나 슬픔의 상징으로 쓰고 있는 것 이다.

그 이유는 크게 두 가지로 설명된다. 첫째, 불에 타고 남은 재를 보며 검은색을 사후세계의 상징색으로 여겼다는 설이다. 그 사례로 중동지역이나 아프리카의 많은 종족들은 우주 삼라 만상이 하얀 강과 검은 강으로 이루어져 있다고 생각해왔으며, 만물이 불에 타 죽으면 검어지므로 아프리카에서는 가족이 죽으면 얼굴이나 알몸에 검은 흙칠을 한 풍속이 있었다. 고대 이집트에서도 사람이 죽으면 더불어 죽는다는 뜻에서 온몸에 검은 흙을 칠했다. 둘째, 인간에게 두려움을 안겨주는 어둠의 색이 검은색인 데서 비롯됐다는 설이다. 눈을 감으면 어둠 속에 있는 것과 같은 상태이고, 죽음은 영원히 눈을 감고 있는 것이므로 컴컴한 어둠은 자연스레 상복의 상징이 되었으리라.

하지만 공식적으로 검정이 애도의 빛깔로 표시된 것은 기원전 323년, 알렉산더 대왕이 죽었을 때부터로 전한다. 이후 고대 로마시대에 이르러 검은색은 확실하게 상복의 상징색이 됐으며, 사람들은 검은 옷을 입으며 죽은 이를 저세상으로 보냈다. 그리고 이런 전통은 왕조시대에 더욱 번졌으며 널리 행해졌다. 영국 변호사들이 의뢰인을 변호하기 위하여 법정에 들어설 때 검은 옷을 입는 것도 그런 관습의 유산이다.

1694년 영국 왕 윌리엄 3세는 사랑하는 메리 왕비가 죽자 너무나 슬픈 나머지 이렇게 명령했다. "영국의 모든 변호사는 애도의 뜻으로 검은색 법정 드레스를 입으라." 윌리엄 3세는 자신의 명령을 취소하지 않고 죽었고, 이후 즉위한 왕들도 별다른 말을 하지 않았다. 그에 따라 영국의 변호사들은 수백 년이 넘는 세월 동안 관습에 따라 메리 왕비를 위한 검은색 상복을 입고 법정에 나오고 있다. 검은색이 두려움을 넘어서서 추모의 상징으로 나아간 것이다.

그런데 권세 있는 곳에서 행해진 관습은 세월이 흐르면 민간사회에도 전해지기 일쑤인데, 롤스로이스(Rolls-Royce) 자동차

대부분의 문화권에서 상복은 검은색이다. 1865년 미국 뉴욕에서 거행된 링컨 대통령 장례식에서는 사람은 물론 장례 행렬도 온통 검은색으로 장식되었다.

가 그 풍경을 잘 보여 주고 있다. 롤스로이스 자동차는 세계적으로 권위 있는 고급 자동차의 대명사이다. 이 자동차는 귀족의 아들 롤스와 방앗간 집 아들 로이스가 합작하여 만든 자동차로서, 문자판도 두 사람 이름의 첫 글자를 각각 따서 RR이라고 만들었다. 그런데 RR문자판은 검은색으로 되어 있다. 왜 그럴까?

롤스는 영국 귀족 가문의 사람으로서 자동차 경주에 흠뻑 빠진 자동차광이었다. 그는 언제나 빠르고 튼튼한 자동차를 구하기 위해 동분서주하였다. 그러던 중 방앗간 아들인 로이스가 만든 2기통 자동차를 보고 깊은 감명을 받았다. 젊은 롤스는 중년의 로이스를 설득하여 '크고 강력한 자동차'를 생산 판매하기로 합의하기에 이르렀다. 로이스는 맨체스터 공장에서 자동차를 생산하고 롤스는 이 상품을 런던에서 판매했다. 그 뒤 롤스는 1910년 자신이 조종하던 비행기가 추락하는 바람에 사망했고, 로이스는 1934년 과로로 숨졌다. 로이스가 사망하자 이들의 후계자들은 그 유명한 'RR'문자판의 색깔을 그때까지의 붉은색에서 검은색으로 바꾸었다. 물론 이들의 죽음을 애도하고 영원히 추모한다는 의미에서였으며 그 검은색은 지금까지도 바뀌지 않고 있다.

이에 비해 우리 민족은 상복으로 검은색을 쓰지 않은 예외적 존재였다. 가족이 죽었을 경우 누런 삼베옷을 입고 장례를 치렀으며 결코 검은색 상복을 입지 않았다. 이런 풍습은 사후세계에 대한 철학관의 차이에서 비롯됐으니, 서양인들은 죽음을 '생명의 끝'이라 인식한 반면, 우리는 저승을 '이승의 연결 세계'로 보았다. 그런 까닭에 죽음을 존재의 사라짐으로 보지 않았던 것이다. 그래서 상복도 검은색으로 하지 않고 흰색(누런색)으로 하였다.

그러나 일제강점기인 1934년 상례 간소화정책이 발포되면서부터 상장(喪章)으로서 검은 리본을 달게 됐으며, 이후 서서히 검은색 옷이 상복으로 자리를 잡기 시작했다. 그런 점에서 지금의 우리가 검은색 상복을 입는 것은 본래의 우리 정서와 어울리지 않는 풍속이라 말할 수 있다. '돌아가시다'라는 말에서 느낄 수 있듯 우리에게 있어서 죽음은 '목숨의 끝'이 아니라 '왔던 곳으로 다시 돌아가는 귀향'인 까닭이다. 가는 이나 보내는 이나 평화롭기 위해서라도 검은색보다는 밝은 계통의 색이 나을 듯싶다.

공산국가의 깃발은 왜 붉은색이 많을까

러시아·중국·북한 등 공산당이 나라를 지배하고 있는 곳은 예외 없이 모두 국기에 빨간색이 들어 있다. 왜 그럴까?

예부터 붉은색은 용기·용맹·공격·도전의 색이었다. 그래서 옛날 사람들은 흥분해야 할 일이 있을 때는 붉은색을 사용해 용기를 북돋웠다.

고대 그리스인이나 에트루리아인들은 전쟁터로 나서기 전에 온몸을 온통 붉은색으로 물들여 공격성·용기를 자극했고, 10세기경 용맹을 떨쳤던 바이킹은 전투에 임할 때 돛대 위에 붉은 방패를 매달았다. 붉은 방패는 바이킹에게 전투욕을 고취시키는 동시에 상대방에게는 전쟁 선포를 의미했다. 요컨대 바이킹에게 붉은색은 용기의 색이었으나, 붉은 방패를 본 유럽인들에게는 공포의 상징이나 다름없었다. 바이킹 후손인 덴마크 해병도 붉은 깃발을 공격 신호로 삼았다.

현대에 와서도 붉은색은 '공격·도전·반항'의 상징으로 통했으며, 1917년 러시아 왕실을 쓰러뜨린 혁명가들은 붉은색을 공산당의 표지색으로 삼았다. 그리고 러시아 공산혁명 이후 세계 공산국가는 한결같이 붉은색을 국기의 기본색으로 채택했다.

그런데 왜 공산당은 한결같이 붉은색을 국기의 상징색으로 삼았을까? 붉은색은 그 빛깔 때문에 피(血)를 상징하고, 전통질서를 뒤집기 위해서는 피(血)의 희생이 필요하다. 따라서 붉은색은 혁명의 상징색이 될 수밖에 없으며, 심리적으로도 사람들은 붉은색을 보면 흥분하여 도전적 자세를 가지게 된다. 더군다나 마르크스와 레닌은 개인적으로도 붉은색을 좋아했다.

요컨대 소련 공산당은 붉은색에 담겨있는 용기와 반항정신을 강조하기 위해서 국기의 기본색을 붉은색으로 정했으며, 소련의 영향을 받은 위성국가들 역시 자연스레 붉은색 국기를 만들어 사용했다. 적대적인 두 사람이 있을 경우 어느 한쪽에서 무언가를 사랑하면 다른 한쪽은 그것을 몹시 싫어하는 경향이 있다. 붉은색이 그러했다. 공산국가가 붉은색을 선호하자, 민주주의 국가에서는 붉은색을 무척이나 꺼려했다.

'빨갱이' '레드 콤플렉스' '새빨간 거짓말' 따위는 모두 공산국가에 대한 미움이 붉은색 이미지를 통해 반영된 결과이다. 무형의 색채가 유형의 이미지를 만든 것이다.

한번 형성된 이미지는 좀처럼 사라지지 않는다. 특히 색채와 관련된 이미지는 더욱 그렇다. 그러하기에 소련이 무너진 뒤, 러시아는 가장 먼저 국기의 색채를 하양·파랑·빨강이 수평으로 3등분 된 삼색기로 바꾸었다. 이 삼색기는 1705년 피터 대제가 처음 만들었는데, 여기에도 나름의 상징이 있다. 흰색은 황제와 평화를, 파란색은 성모(聖母)와 충성심을, 붉은색은 권력과 용감무쌍을 의미한다. 색채 이미지와 국가 체제가 국기의 색을 결정짓게 만드는 것이다.

이슬람 국가에서 초록색이 행운을 상징하는 연유

리비아, 사우디아라비아, 아랍에미레이트, 알제리, 오만, 이란 등등 대부분의 이슬람 국가들은 국기(國旗)에 녹색을 사용하고 있다. 심지어 리비아는 아무 문양도 없이 녹색뿐이다. 왜 그럴까?

1969년 9월 1일, 무아마르 카다피는 군사혁명을 일으켜 군주제를 폐지하고 공화제를 세웠다. 그리고는 이렇게 선언했다. "정부도 의회도 필요 없다. 리비아는 이슬람교를 바탕으로 전 인민이 직접 지배하는 나라다." 카다피는 그 선언을 시각 이미지로 드러냄으로써 자신의 의지를 확고히 표명하고자 했다. 하여 사각형 안에 녹색뿐인 리비아 국기를 만들었으니 이는 이슬람에 완전히 젖어있는 국가임을 상징하는 것이었다. 이후 공식 직함이 리비아 국가평의회 의장인 카다피는 현재까지 30년이 넘도록 리비아를 장기간 통치하고 있는데, 리비아 국민은 물론 외국인에게까지 이슬람 생활을 강요하여 아랍민족주의자들의 우상이 되고 있다. 또한 이런 이유로 인해 카다피의 이슬람화 운동은 녹화혁명(綠化革命)이라고 말하여지고 있다.

그런데 왜 녹색이 이슬람을 상징하는 것일까? 그것은 이슬람인들이 거주하는 지역적 특성과 관계가 있다. 즉, 사막지대에 거주하는 무슬림들에게 푸른 오아시스는 생명을 보존시키는 소중한 존재로서, 초록색은 식물·풍요·생명을 상징한다. 국토의 대부분이 사막이었던 고대 이집트에서도 밝은 녹색은 겨울

이슬람 문화권은 사막지대에 위치한 특성 때문에 물을 귀하게 여긴다. 야자수 혹은 오아시스는 물과 더불어 있는 상징이므로 야자수의 초록색은 이슬람에서 '행운'을 상징하게 되었다.

을 이긴 봄이자 죽음을 극복한 승리를 상징했으며, 나일 강의 녹색은 생명의 색으로 인식되어 여인들의 화장품에도 녹색이 많이 사용됐다. 요컨대 녹색은 사막지대에 살고 있는 이슬람인에게 생명을 상징하는 색인 바, 리비아뿐만 아니라 모든 이슬람 국가의 국기에 녹색이 들어있는 것이다.

중국인들은 왜 노란색을 좋아할까

중국에는 궁궐에서 의복에 이르기까지 황금색으로 장식된 것이 많다. 중국인들이 노란색을 귀한 색으로 여기는 까닭이다. 그런데 왜 중국인들은 노란색을 귀히 여길까?

중국 황제의 용포색은 황금색이었다. 따라서 일반 평민은 물론 귀족도 노란색 옷을 입을 수 없었다. 황금색이 중국 제왕의 보호색이 된 사연은 다음과 같다.

3천여 년 전 주(周)나라 무왕(武王)이 주왕(紂王)을 토벌하는데 강을 건너려 하자 폭풍이 가는 길을 막았다. 이에 성난 무왕이 황금으로 만든 도끼를 휘두르며 이렇게 외쳤다.

"하늘의 뜻을 받들어 천하를 다스리는 나를 저지하는 자가 누구냐!"

그러자 거짓말처럼 바람이 멎고 잠잠해졌다. 이후 황금색은 제왕의 힘과 권위를 상징하는 색이 되었다고 한다.

황금색은 전통적으로 중국에서 존엄한 '황제'만의 색이었던 까닭에, 백성들은 황금색을 행운을 가져다주는 매우 좋은 색으로 생각하게 되었다. 때문에 근대 들어 황제 제도가 사라지게 되자, 사람들은 다투어 황금색을 사용하게 됐다. 요컨대 중국인들은 황제처럼 부귀영화를 누리고 싶은 마음에 황금(yellow gold)을 좋아하는 것이다.

중국인들은 왜 축의금을 붉은 봉투에 넣어줄까

중국 사람들은 결혼축의금이나 세뱃돈을 줄 때 반드시 붉은색 봉투에 넣어 준다. 왜 그럴까?

중국인은 전통적으로 붉은색이나 노란색을 좋아한다. 붉은 색이 '귀신을 쫓고 복을 부른다'고 믿고 있으며, 노란색은 권력의 상징인 황제만의 고유한 색깔이었기 때문에, 중국인은 붉은색과 노란색을 좋아하는 것이다.

붉은색 봉투에 돈을 담아 주는 이유는 귀신을 물리침은 물론 그 속에 담긴 돈이 불(火)처럼 일어나라는 의미에서이다. 요컨대 돈을 많이 벌고 싶은 욕망에서 불처럼 활활 타오르는 붉은색을 좋아하는 것이다.

한편, 중국에 주씨(朱氏) 성이 많은 것도 붉은색을 좋아하는 민족성과 관련 있다. 유명한 주씨 사람으로 중국 수상을 지낸 주은래, 영화배우 주윤발 등이 있다.

일본인들은 왜 붉은 도미를 귀한 생선으로 여길까

일본 사람들은 붉은 도미 요리를 매우 귀하게 여긴다. 그래서 반가운 손님이 오면 도미 요리를 내놓는 풍습이 있다. 왜 도미를 귀하게 여기는 것일까?

예부터 일본인들은 붉은 태양을 숭배했기에, 일본에서 빨강은 운좋은 색깔로 여겨졌다. 또한 일본은 사방이 바다에 둘러싸인 섬나라이기는 하지만, 해산물은 보존이 어려웠던 관계로 귀한 식품이었다. 그런 까닭에 생선회를 먹는 사람들은 그야말로 귀족이나 부자에 국한되었다.

일본인들은 생선 중에서도 특히 도미를 행운을 가져다주는 귀한 식품으로 여겼다. 왜냐하면 도미의 빛깔이 붉었기 때문이다. 그래서 누군가를 축하하는 자리에서는 반드시 머리부터 꼬리까지 통째로 구운 도미를 내놓는 풍습이 생겼다. '통째 구운 도미구이'에는 완전한 형태로 사람을 축복한다는 의미가 담겨 있다.

일본 막부시대에 영주가 전쟁터로 떠나는 군인들을 격려하기 위해 베풀던 연회 '쇼군만찬'에도 도미가 반드시 포함되어 있었다.

또한 일본의 아이현 니고야를 비롯한 일부 지방에서는 해마다 도미 축제를 벌이는데 이 역시 도미의 행운을 기원하기 위해 생긴 풍속이다. 도미 축제는 20미터 길이의 도미를 만든 다음 여러 젊은이들이 어깨에 둘러메고 바다와 시내를 돌아다니는 행사로서, 이날 사람들은 도미를 만지며 각각 나름의 소원을 빈다.

요컨대 붉은 태양을 국기(國旗)의 상징으로 삼을 만큼 붉은색을 숭배하는 정서가 붉은색 물고기인 도미를 귀한 음식으로 여기게 만든 것이다.

한편 일본인들은 헤비수(惠比壽)라는 상가(商家)의 수호신을 믿고 있는데, 헤비수는 오른손에 낚싯대, 왼손에 도미를 들고 있다. 여기서 도미는 재물의 행운을 상징한다.

한국인들은 왜 백설기를 아기 축하음식으로 만들까

우리 나라에서는 예부터 아기와 색깔 있는 음식의 상징성을 중요시 여겼는데, 아기가 출생하면 삼신상에 흰쌀밥 세 그릇을

놓았고, 삼칠일(21일째)에는 흰쌀밥과 백설기를 준비했다. 거기에는 깊은 뜻이 담겨 있었다.

우선 흰쌀밥은 '깨끗한 정성을 삼신할미에게 공양하오니 아기를 잘 보호해달라'는 기원의 상징이었다. 또한 일반 서민들은 흰쌀밥 먹기가 매우 어려웠던 바, 흰쌀밥 공양에는 '소중한 것을 바친다는 의미'도 포함되어 있다.

이에 비해 백설기는 흰무리라고도 하는데, 말 그대로 멥쌀가루를 하얗게 쪄낸 떡으로 '신성하다'는 뜻의 상징이었다. 요컨대 백설기는 삼신할미에게 바치는 신성한 음식의 상징이었으며, 백설기를 이웃에 돌린 이유도 신의 입김이 닿은 신성한 음식의 복(福)을 골고루 나누기 위함이었다.

요즘에는 이런 풍속이 사라져가고 있지만, 혼자만의 행복을 추구하는 요즘 살벌한 범죄가 난무하는 것을 감안하면 더불어 사는 지혜가 새삼 아쉽게 느껴진다.

문화와 풍습

사람들은 왜 흰색 동물을 상서롭게 여길까

우리 나라 사람들은 예부터 흰 동물을 신성하게 여겼다. 그래서 역대로 흰 동물이 나타나면 나라의 상서로운 징조라 생각하였으며, 그 동물을 잡아 바치는 사람에게는 큰 포상을 내렸다. 흰 사슴 백 마리가 살았다는 한라산 백록담의 설화나 흰 학에 비유된 선비의 의복 학창의(鶴氅衣)는 흰 동물에 대한 숭상을 단적으로 보여 주는 것이며, 특히 백호(白虎)·백사(白蛇)는 흰 동물의 대표로서 신성시된 영물이었다. 왜 그랬을까?

흰 동물을 길조로 여긴 것은 신화적으로 흰색이 출산과 상서로움을 상징하기 때문이다. 고구려의 주몽은 알에서 태어난

고려시대 사람들은 청결한 흰색의 상징성 때문에 학(鶴)을 신비한 새로 여겼으며, 그런 정서를 도자기에 적극 반영하여 상감기법으로 학을 표현하였다.

난생 설화를 지녔는데 이는 천신(天神)이 하늘에서 내려온 성스러움을 상징한다. 삼국유사에 따르면, 햇빛이 유화부인을 비추자 그로부터 태기가 있어 알 하나를 낳았으며, 알에서 나온 아기가 주몽이다. 여기서 흰색은 밝게 빛나는 햇빛을 의미한다. 또 흰 말의 보호를 받으며 태어났다는 박혁거세의 신화도 흰색의 상서로움을 설명하고 있다.

　이런 정서는 삼국시대 이전부터 있었기에 다양한 관념을 만들어냈다. 일찍이 고구려 벽화에서 나타나듯 백호는 풍수사상에서 서쪽을 지키는 영물이고, 백호가 나타나면 왕실의 왕자는 성질이 순해지고 재력 있는 부자는 더 이상 욕심을 부리지 않게 된다고 믿었다. 마음이 흰색처럼 맑아져 탁한 욕망이 사라지는 까닭이다.

'흰 동물은 상서롭다'는 속신은 역대 내내 더욱 공고해져 여러 동물로 확산되기에 이르렀다. 흰 사슴이 나타나면 상서로운 일이 생긴다, 흰 곰 또는 흰 뱀이 나타나면 좋은 일이 생긴다, 흰 밥을 먹으면 오래 산다, 흰 옷을 입으면 남의 초대를 받는다 등을 보면 흰색을 띤 동물은 무엇이든 특별하게 여겼다.

사실 동물의 세계를 살펴보면 흰색 동물이 희귀한 것만은 아니다. 북극에 사는 곰·여우의 털 빛깔은 모두 흰색이다. 눈과 비슷한 보호색으로서 흰색을 띠는 까닭이다. 하지만 백곰이나 겨울이 되면 털이 하얗게 되는 북극여우 등 극지에 사는 동물들의 경우 흰 털 색깔은 단지 보호색의 역할만 하지는 않는다. 태양의 자외선은 지나치게 강해도 몸에 해롭지만, 부족하면 뼈를 만들 때 필요한 비타민 D가 결핍되어 질환을 일으키든가 뼈가 부러지기 쉬워진다. 짐승의 털은 직각으로 서있어서 햇빛을 반사하는데, 짐승의 털 색깔이 진하면 광선은 여러 번의 반사를 하는 동안 털에 흡수되어 피부까지 도달하기 어려워진다. 그러므로 햇빛이 부족한 지방에 사는 동물들의 털 색깔은 햇빛의 흡수율을 높이기 위해 대체로 희거나 옅은 것이다.

문제는 극지방이 아닌 온대나 아열대 지방에 사는 동물들은 흰색이 드물다는 점이다. 먹이사슬에서 약자에 속하는 동물들은 대부분 주변 색채와 비슷한 보호색을 하고 있고, 강자는 사자·곰처럼 단색을 하거나 호랑이·표범처럼 얼룩무늬로 당당한 자기 색을 가진다. 어떤 경우든 흰색은 보기 힘들며, 약자의 경우 흰색은 가장 눈에 띄는 먹이감이나 다름없다.

바로 여기에서 인간의 독특한 관념이 생겼다. 동물들에게는 비정상적인 색채이지만 인간에게는 특별한 사람에게만 나타나는 행운의 징조로 여겨진 것이다. 특히 위정자들은 자신의 통치기간에 흰 동물이 나타나면 이를 자기의 신성(神聖)으로 연결시켰고, 그런 목적에서 더욱 신비화시켰다.

우리뿐만이 아니다. 태국이나 스리랑카 같은 불교국가에서도 흰 코끼리를 상서로운 동물로 여겼다. 여기에는 사연이 있다. 석존이 살아계셨을 때의 일이다. 카시국(國) 왕은 히다이게국(國)과 싸우던 중 열세에 몰리자 힘이 센 큰 코끼리를 잡아오도록 상을 걸었다. 당시는 코끼리가 오늘날의 전차 구실을 했던 까닭이다. 그런데 거대하고 영리한 흰 코끼리가 자진해서 잡히더니 단신으로 적진 속에 뛰어들어 쌍방의 피해만 가중시키는 전쟁의 무익함을 설득하여 전쟁을 중지시켰다. 그 하얀 코끼리는 바로 석존의 화신이었던 것이다. 이때부터 흰 코끼리는 불교국가에서 성스러운 동물로 인식되기 시작했다.

또한 태국에서는 흰 코끼리를 태국의 수호신으로 여기고 있다. 전설에 의하면 이 나라 창조여신의 어머니가 그를 낳을 때 흰 코끼리 낳는 꿈을 꾸었고, 창조여신은 팔만 번이나 환생하여 흰 코끼리로서 변화 많은 경험을 한 후에 신(神)의 반열에 끼게 되었다고 한다. 그 이후 흰 코끼리는 태국의 수호신으로 모셔지고 있는 것이다.

왜 흰 코끼리가 특별하게 여겨졌을까? 이 역시 흰색의 희귀함을 바탕으로 하고 있다. 짙은 회색 몸체를 가진 코끼리 사이에서 흰 코끼리는 단연 깨끗하게 보이기 마련인 바, 흰색이라는 신성함을 지니는 것이다. 오늘날에는 흰색 동물의 상징성이 이전만큼 강하지 않다. 동물원에서 흰 맹수가 태어나면 옛날 관념을 빌려 경사로 여기거나 어쩌다 붙잡힌 백사가 희귀성으로 인해 비싸게 팔릴 뿐이다.

묘한 것은 동물이 인간의 세계에 들어왔을 때 흰색이 많아진다는 사실이다. 개·고양이·돼지·닭 등은 가축화되면서 흰색이 많아졌고, 점차 그 비율이 높아지고 있다. 이는 집안이나 우리에 갇혀 햇빛을 적게 받고 생활하는 환경과 무관치 않으니, 동물에게 있어서 흰색은 야성을 상실한 순종의 색인 셈이다. 결국 인간의 인위적인 조작이 동물의 세계에서 흰색을 대거 만드는 셈이며, 그 과정에서 희귀성의 상징이 약해지고 있다.

아기용품에서 남아는 하늘색, 여아는 분홍색인 까닭

유아용품 판매장에 가보면 남자아이의 옷이나 물품은 대개 하늘색이나 엷은 파란색, 여자아이의 물건들은 분홍색이나 엷은 핑크색임을 알 수 있다. 갓난아이들은 성별에 따라서 운명적으로 하늘색 혹은 분홍색을 좋아하기 때문일까? 그렇지 않다. 아기들은 성별을 불문하고 노란색을 좋아한다.

그렇다면 왜 이런 차이를 둔 것일까? 서양에서 그 풍습의 유

1957년 개봉된 영화 「청실홍실」의 포스터이다. 남자는 파란색, 여자는 붉은색이라는 상징은 동·서양을 막론하고 고대부터 있어온 관념적 색채의 대표라 할 수 있다.

래를 찾을 수 있다. 왜냐하면 우리 풍속에서는 남녀 성별을 가리지 않고 흰 옷을 입혔기 때문이다. 고대 서양인들은 아기가 있는 방에는 악마(또는 악령)가 돌아다닌다고 믿었다. 악마는 사람들이 고통스러워하는 것을 즐기는 바, 인간의 큰 행복 중 하나인 아기를 해코지함으로써 사람들의 행복을 방해하거나 괴롭히기 위해서라는 것이다.

그래서 사람들은 악마나 악령으로부터 아기를 지키기 위해 무척이나 고심했는데, 그 방법 중 하나가 색깔로 악령을 쫓는 것이었다. 특히 하늘의 색인 하늘색(파란색)은 선한 신을 상징하는 아주 강력한 색깔로 여겨졌다. 그래서 집안의 가장 중요한 존재였던 남자아기들에게 파란 옷을 입힘으로써 신의 보호를 받고자 했다.

다시 말해 하늘색은 어떤 악령도 물리칠 수 있을 정도의 강한 힘을 가지고 있다고 믿어 왔기에 남자아이에게 하늘색 옷을 입힌 것이다. 하늘색 옷을 입히는 것은 그다지 어려운 일이 아니었기에 이런 풍습은 쉽게 퍼졌다.

이에 비해 여자아기들은 그런 색채의 보호(?)를 받지 못했다. 여기에는 두 가지 이유가 있었다. 남아우월주의를 바탕으로 여자아기를 그다지 중요하게 여기지 않았던 것과 사람들이 남자아기보다 중요하지 않게 여기는 여자아기를 악마가 굳이 괴롭히지는 않을 것이라고 생각했기 때문이다. 그래서 여자아이들은 아무 색깔이나 입었다.

그러다가 근대에 이르러 여아에 대한 편견이 줄어들면서 남아를 상징하는 하늘색에 비교되는 색깔을 찾는 과정에서 분홍색이 선택되었다. 여자아기를 분홍색으로 표시하는 것은 유럽의 한 전설에서 유래했는데, 그 전설에 따르면 여자아기는 분홍색 장미꽃에서 데려온다고 한다. 또 그 전설 속에서는 남자아기들을 파란 양배추 밭에서 데려온다고 말한다. 이에 착안하여 여아용 옷 색깔은 분홍색으로 정해졌다. 오늘날 아기용품점에서 판매되는 남녀 아기의 물품 색은 이렇게 생긴 것이다.

연령층에 따라 좋아하는 색이 달라질까

입고 다니는 옷의 색깔이나 디자인을 보면 사람의 연령층을 짐작할 수 있다. 일반적으로 어린이는 밝은 원색, 노인은 어두운 색이 주조를 이루는 경향이 있다. 그렇다면 나이에 따라 좋아하는 색이 달라지는 것일까?

사람이 태어난 뒤 처음 반응하는 색은 노란색이다. 다시 말해 최초로 눈을 뜨고 빛을 느낄 때 여러 색 중에서 노란색에 특히 민감한 반응을 나타낸다. 이처럼 갓난아이들은 노란색에 가장 빠른 반응을 보이기 때문에 유아용 장난감도 대부분 노란색으로 만든다. 그러나 유아기를 거쳐 어린이로 성장하면서 노란색에 대한 열광이 사라지기 시작하며, 자랄수록 붉은색과 파란색을 좋아하게 된다. 어린이 장난감 역시 초록·빨강·파랑 등 원색이 대부분이고 노란색도 적절하게 섞인다.

성인이 되면 색에 대한 선호도가 또 한번 바뀌어 파장이 긴 색보다 파장이 짧은 색을 훨씬 더 좋아하게 된다. 선명한 파란색에 눈길을 보내게 되는 것이다. 여러 색채학자들이 조사한 결과를 보아도 성인의 경우 언제나 파란색 선호도가 높다. 그러다가 차분한 색조를 좋아하는 중년기를 거쳐 노인이 되면 검정·진청·회색 따위의 무겁고 가라앉은 느낌의 색조에 관심을 갖게 된다. 이는 황혼기에 접어든 인생의 시기와 밀접한 관련이 있다.

하지만 유아·어린이·청년·중년의 경우에는 대체로 색채 변화가 공통적이지만, 노인의 경우에는 실제 정서와 다소 차이가 있다. 더구나 옛날보다 수명이 늘어나고 활동력 또한 강해진 현대 노인들은 수동적인 느낌의 색상을 좋아하지 않는다.

음양오행사상을 바탕에 두고 오색천을 이어 만든
색동저고리는 아이들이 좋아하는 노랑과 어른들
이 선호하는 빨강 파랑이 적절히 섞여 있어 보기
에도 예쁘다.

일례로 1993년 가을, '사랑의 전화'가 서울에 거주하는
60세 이상 노인을 대상으로 조사한 바에 의하면 노인들이 실
생활에서 입는 옷의 색상은 검정·회색·흰색·베이지색 계통이
주류를 이루지만, 마음으로 좋아하는 옷 색깔은 빨강·주황·파
랑·녹색 등 밝은 색이라고 답했다. 검정·흰색 계열을 좋아한다
고 대답한 사람은 15%에 불과했다.

이런 결과는 자녀가 무조건 어두운 색을 택해 노인에게 선
물하는 풍토와 의류회사의 관행에서 빚어진 것이다. 그러므로
'노인 옷＝어두운 색 계통'이라는 옷 색깔에 대한 고정관념은 이
제 재고되어야 한다.

색채심리에서 붉은색이나 파랑색 등 밝은 색을 좋아하는 것은 그만큼 삶에 대한 태도가 적극적이고 마음이 안정되어 있음을 뜻한다. 그 점을 감안하면 우리 나라 노인들은 삶에 대한 태도가 진지하고 적극적이라 말할 수 있으며, 노인의 색은 육체 연령이 아닌 심리 연령에서 정해진다고 결론내릴 수 있다.

연지곤지와 처녀성

우리 나라 전통혼례 풍속에 따르면, 새색시는 얼굴에 붉은 연지와 곤지를 바르고 혼례식장에 들어선다. '연지'는 여자가 화장할 때 양쪽 뺨에 찍는 붉은 빛깔의 물감이고, '곤지'는 이마에 찍는 붉은 점을 가리키는 말이다. 그러면 왜 신부 얼굴에 연지곤지를 찍는 것일까? 뺨을 붉은 색조로 칠하는 연지 화장의 최초 기록은 기원전 1150년께 중국 은(殷)나라 주왕 때에 나오므로 대략 3천년의 역사를 지닌다. 그 유래는 다음과 같다.

은나라 주왕이 무척 사랑했던 달기라는 여인은 연지산(燕支山)에서 나는 잇꽃(홍화)으로 연지곤지 칠을 하였는데, 그것은 뺨에 복숭아꽃을 그리는 연(燕)나라 여인들의 풍속을 응용한 화장술이었다. 연지(燕支)라는 말은 여기에서 비롯된 것으로서 뒤에 연지(燕脂)로 뒷글자가 바뀌었다. 그 후 송나라 무제 때 수양 공주가 궁궐 한쪽의 처마 밑에서 졸고 있는데, 바람에 날려 온 붉은색 매화 꽃잎이 이마와 볼에 들러붙었다. 그 모양이

어찌나 아름다웠던지 궁녀들이 다투어 흉내를 내어 꽃잎을 얼굴에 붙이는 풍속이 생겼으며, 이 풍속이 연지 풍속을 대중화시키는 결정적 계기가 되었다. 그리고 이런 풍습이 민간에도 전해져, 새색시가 연지곤지를 바르게 되었다. 이는 아름다움을 과시하는 한편 신랑에 대한 여성적인 수줍음을 상징하는 것이다. 다시 말해 연지는 여성의 수줍은 아름다움을 보여 주기 위해 시행된 풍속이다.

우리 나라 사람들이 언제부터 연지 화장을 했는지 확실치는 않으나, 신라 때에 이미 여인들이 연지 화장을 했다는 기록

혼례식을 치른 후 신랑을 기다리는 신부 얼굴에 찍힌 연지곤지는 수줍음을 상징한다.

이 있다. 또 서기 5~6세기에 축조된 수산리 고구려 벽화와 쌍
영총 벽화 인물상에도 악공(樂工)들이 연지 치레한 모습이 또렷
한 것으로 미루어 연지 화장의 역사는 1천 5백 년이 넘었으리
라 추정하고 있다.

예부터 우리 나라 전통 혼례식에서는 처음 결혼하는 여성만
연지 화장을 하였고, 재혼하는 경우는 연지 화장을 하지 않았
다. 그러므로 연지 화장은 젊음을 나타내기 위한 것이며, 숫처
녀임을 과시하는 수단인 셈이다.

그렇다면 왜 연지가 처녀성을 상징할까? 그것은 여성의 생리
적 반응과 밀접한 관련이 있다. 일반적으로 사람은 부끄러움을
느끼면 뺨에 홍조를 띠게 되는데, 남성과의 접촉 경험이 적은
여성일수록 남성과 대면할 때 부끄러운 반응을 드러낸다. 바꿔
말해 여성의 홍조 띤 얼굴을 남성 경험이 없는 데서 나타나는
현상으로 여겨, 붉은 연지를 통해 처녀성을 극단적으로 강조하
게 된 것이다.

부적은 왜 붉은색인가

부적(符籍)은 나쁜 귀신을 쫓고 재앙을 물리치기 위하여 붉
은 글씨 모양의 것을 야릇하게 그린 종이를 가리키는 말이다.
부작(符作)이라고도 한다. 그런데 부적에 사용되는 색깔은 주로
붉은색이다. 또한 우리 나라 사람들은 도장을 찍을 때 붉은 인
주를 바른 다음 찍는다. 왜 그럴까?

예부터 붉은색은 어둠을 물리치고 세상을 밝혀주는 광명을 뜻하는 빛깔로 여겨졌다. 왜냐하면 세상을 환하게 밝혀주는 태양의 색과 무서운 짐승들을 쫓아주는 불(火)의 빛깔을 붉은색으로 생각했기 때문이다. 고대인들이 보기에 태양은 붉게 타오르는 불덩어리이고, 아무리 무서운 맹수라도 불을 피워놓으면 가까이 오지 못하고 도망가니, 붉은색은 그 무엇도 물리칠 수 있는 강력한 상징이었다.

사람들은 나아가 나쁜 귀신이나 악한 기운을 정화하는 힘이 붉은색에 포함되어 있다고 믿었다. 특히 붉은색은 불(火)의 색이므로 암흑과 공포도 물리친다고 생각했다.

우리뿐 아니라 서양에서도 그런 믿음을 가졌으니 고대 유럽인들은 불(火)의 색인 붉은색에 악마나 악령을 물리치는 힘이 있다고 믿었다. 그러하기에 마케도니아에서는 아기가 태어나면 악마를 묶어두기 위해서 침실의 문에 붉은 실을 꼬아 매어두었으며, 스코틀랜드에서는 악마로부터 아기를 보호하기 위해 목에 붉은 리본을 매주었다.

이런 믿음이 부적 풍속을 낳았고, 부적을 몸에 지니거나 집안의 어디에 붙여놓음으로써 불행을 내쫓으려 했다. 부적의 형태는 그림과 글씨의 중간 형태를 띤 묘한 글씨로 만들어졌는데, 이는 지식인을 우러러 본 사회정서와 글씨를 잘 모르는 대중들을 위한 절묘한 절충에서 나왔다.

요컨대 부적은 붉은색의 기운으로 나쁜 귀신을 물리치기 위함이며 그 방법은 몸에 지니거나 특정 장소에 붙여놓는 것이었다.

그런가 하면 도장을 붉은 인주에 찍는 까닭도 붉은 기운이 악한 것을 물리치고 좋은 일만 생기게 해달라는 바람에서 비롯된 풍속이다. 바꿔 말해 붉은 도장은 부적의 주술성을 바탕으로 하여 생긴 동양의 독특한 문화인 것이다.

한편 부적이라고 모두 붉은색으로만 쓰는 것은 아니며, 화재를 예방하는 부적은 검은색으로 水(물 수)자를 썼다. 붉은색은 불(火)을 상징하는 바, 붉은색 글씨로 화재 예방 부적을 만들면 불이 꺼지는 것이 아니라 불길이 더욱 사나워질 것이라고 믿었던 까닭이다.

나무판에 호랑이와 매를 새기고 주술적 글귀를 쓴 부적이다. 부적은 대개 붉은색으로 만들지만 불(火)을 끄는 부적만큼은 검은색으로 만든다.

인체와 건강 그리고 성격

혈색과 기색

"얼굴에 윤기가 흐르네."

"얼굴에 수심이 가득하네."

앞의 말은 '보기 좋은 얼굴'을 뜻하고, 뒤의 말은 '보기에 안타까운 얼굴'을 뜻한다. 이는 혈색 혹은 기색에 바탕을 둔 말이다. 부끄러움이나 분노 같은 특별한 감정 변화가 없는 한 피부색은 좀처럼 변화하지 않는다. 또한 맛 좋은 음식을 푸짐하게 먹었다고 해서 얼굴에 금방 기름기가 흐르지도 않으며, 엄청난 걱정거리가 있다고 해서 얼굴색이 파랗게 변하지도 않는다. 그렇다면 윤기와 수심은 어떻게 나타나고 느끼는 것일까?

먼저 혈색을 살펴보자. 혈색(血色)을 글자 그대로 풀이하면

'살갗에 보이는 핏기'를 뜻한다. 혈액 속의 혈색소(血色素)에 의해 붉은색을 띠는 '핏기'는 심장이 피를 만들어 온몸을 둘러싸고 있는 피부로 보내는 것을 우리가 눈으로 본 상태를 말한다. 심장의 기능이 활발하여 몸 구석구석까지 왕성하게 피를 보내면 피부와 혈색이 맑아지고 그렇지 못하면 피부와 혈색이 탁해진다. 더군다나 혈액은 열을 운반하여 체온을 일정한 상태로 유지하게 하며 살균·면역 등의 활동을 함으로써 생명 유지에 필수적인 역할을 한다. 피를 많이 흘리면 죽게 되는 것도 그 때문이다.

따라서 '혈색이 좋다'는 말은 '건강하다'는 말이 되며, 피가 부족한 빈혈은 당연히 정상인에 비해 창백한 얼굴일 수밖에 없다. 일반적으로 혈색소가 10% 이상 줄어들었을 때를 빈혈이라고 하는데, 비위(脾胃)가 나쁠 경우 혈색이 몹시 나빠진다고 한다. 한방에서는 비위를 몸의 영양을 관장하는 중요한 장기로 보며, 만성질환을 앓으면 비위의 기능이 나빠져서 얼굴의 혈색도 나빠진다고 본다. 비위는 비장(脾臟)과 위(胃)를 이르는 말로서, 비장은 오래된 적혈구나 혈소판을 파괴하고 림프구(백혈구의 하나)를 생산하는 기능을 하며, 위는 음식물을 소화시키는 일을 한다. 다시 말해, 비장과 위는 음식물을 소화하여 병균을 물리쳐 활기를 높여주는 백혈구를 만든다. 이에 연유하여 '비위'는 먹고 싶거나 하고 싶은 기분을 뜻하는 말로 쓰이고 있다. 그러므로 '혈색'은 식욕 혹은 영양상태와 관련되어 나타나는 피부색인 셈이며, 혈색으로 그 사람의 형편을 파악할 수 있는 이유도 바로 여기에 있다.

이에 비해 기색(氣色)은 희로애락 따위의, 마음의 작용으로 나타나는 얼굴빛을 뜻한다. 즉 감정이 얼굴빛을 통해 표현되는 것이 기색이다. 한방에서는 기색을 기(氣)와 색(色)의 어울림으로 보고 있다. 보다 구체적으로 말해 오장육부의 흐름이 밖으로 나타나는 것이 '색'이요, 안에 있는 것이 '기'일지니 '기'는 피부 안에 있고 '색'은 피부 바깥에 있다.

그런데 기색은 식욕이나 영양상태와는 무관하게 나타나며, 아침에 얼굴에 나타났다가 밤에 폐부로 들어간다. 요컨대 정신 상태가 시작하면서 기색이 일어나고 잠자리에 들면서 기색 역시 사그라지는 것이다. 또한 폐부는 호흡하는 기관인 '폐(肺)'를 가리키는 말이니 폐부는 곧 숨결을 의미하기도 한다.

생명이 있는 존재는 모두 숨을 쉬는데 숨결의 강약으로 미루어 그 생명체의 건강함을 알 수 있다. 여기서 건강은 육체의 건강이 아니라 마음의 건강을 의미한다. 재차 말해 '삶의 의욕'이 곧 '기'의 정체인 것이다. 그러하기에 기가 있은 뒤에 색이 있으며, 기가 막히면 색이 나쁠 수밖에 없다. 음식을 많이 먹어도 걱정으로 인해 마음이 우울하면 소화가 제대로 되지 않아 영양상태가 나빠지는 것과 같은 이치다. '시름으로 가득한 얼굴빛'을 뜻하는 '수심(愁心)'이란 말은 바로 여기에서 나왔다. 기의 흐름이 막혀 색이 보이지 않는 상태가 바로 '수심진 얼굴'인 것이다.

정리해 말하자면, 혈색은 육체의 건강상태를 나타내고, 기색은 마음의 건강상태를 나타낸다.

색채가 식욕에 미치는 영향

정육점에서는 진열장에 붉은색 조명을 비추어서 고기가 먹음직스럽게 보이도록 하고 있다. 사람들이 붉은색을 보면 식욕을 느끼기 때문이다. 그런데 색채에 대한 지식이 있는 어떤 사람은 식탁보를 파란색으로 장식하기도 한다. 왜 그럴까?

일반적으로 붉은색은 식욕을 왕성하게 해주는 반면, 노란색이 식욕을 감소시킨다는 것은 널리 알려진 사실이다. 그러하기에 비단 정육점뿐만 아니라 시중 음식점에서도 붉은 조명을 많이 사용한다.

그런데 식욕과 관련돼 특이한 색은 파란색이다. 파란색은 다른 색으로 된 음식물을 더 맛있게 보이도록 만들어주는 까닭이다. 즉, 파란색은 음식 그 자체의 색으로는 적합하지 못하지만 음식의 배경색으로는 아주 좋은 색이므로 파란색 식탁 위에 놓인 음식은 깔끔하고 맛있게 느껴진다. 따라서 식탁 분위기를 확 바꾸고자 한다면 가끔 파란색 식탁보를 사용할 필요가 있다. 또한 붉은색과 흰색이 어우러진 체크무늬 식탁보도 식욕을 촉진시키는데, 이 경우 무늬는 자잘한 것보다 큼직한 것이 효과가 더 크다. 붉은 액세서리도 크기 이상으로 효과를 발휘한다.

하지만 식품 자체만으로 따진다면 식욕을 자극하는 색은 붉은색으로부터 오렌지색에 이르는 따뜻한 황색 계열이 가장 효과가 좋다. 이런 색들은 사람의 마음을 활발하게 만들고 같은 맥락에서 식품에 대한 호기심을 유발하기 때문이다. 사과·딸기·토마토·수박 따위의 붉은색 과일과 오렌지·레몬·참외 따위의 주황색 과일은 보기만 해도 입맛이 돋는 색채과일이다. 비단 식품만이 아니라 그릇에도 붉은색 띠나 리본으로 살짝 멋을 부리면 식욕을 자극한다.

한방에서는 식품 색채와 인체 장기(臟器) 사이에는 밀접한 관련이 있다고 본다. 예컨대 식품이 초록색이면 간장, 노란색은 비장과 위장, 붉은색은 심장, 검은색은 신장, 흰색은 폐와 창자에 영향을 미친다는 것이다. 그러기에 푸른 시금치·쑥은 간장, 노란 호박죽과 벌꿀은 위장, 붉은 토마토는 심장, 검은 콩과 깨는 신장, 흰 배즙은 폐가 나쁜 사람들에게 권장된다.

그런가 하면 식욕을 떨어뜨리는 식품 색채도 당연히 있다. 기본적으로 우중충하고 어두운 색상은 입맛을 감소시킨다. 마른 체형을 추구하는 여성은 의도적으로 식욕부진의 색채를 선택할 수도 있다. 하지만 그렇다고 식탁 분위기를 칙칙하게 하는 것은 좋지 않다. 식욕 감퇴를 넘어서서 음식에 대한 기피 혹은 혐오감을 일으킬 위험성이 있기 때문이다.

그러므로 식사 절제를 목적으로 한다면 거부감이 일어나지 않는 가운데 식욕이 일어나지 않는 색채를 조성해야 한다. 그런 색으로는 추운 색 계열인 파란색이나 보라색이 적당하다. 그릇이나 커튼을 이런 색으로 꾸민다면 절제된 식사에 어느 정도 효과를 얻을 수 있다. 파란색이 사물의 파동을 가라앉혀주고 그 연장선상에서 식욕을 억제하기 때문이다.

결국 식욕에 있어서 색채의 역할은 '빨강=흥분, 파랑=진정'이라는 일반적 시각 이미지가 그대로 이어진다고 말할 수 있다.

의복과 건강 : 빨간 내복의 비밀

오디세우스는 호메로스의 서사시 『오디세이아』의 주인공으로, 서양문학에서 자주 나오는 인물 가운데 한 사람이다. 이타카 왕국의 왕인 오디세우스가 오랜 방황 끝에 마침내 가정과 왕국을 되찾는다는 것이 『오디세이아』의 중심 주제이다. 그런데 『오디세이아』를 연극으로 상연할 때, 표류하는 오디세우스는 자주색 옷을 입고 등장한다. 왜 그럴까?

그 이유는 자주색이 고난의 상징색으로 통하는 데 있다. 이때의 자주색은 칙칙한 피의 색깔을 연상시키기 때문이다. 그래서일까. 오랜 세월이 지난 현실에서도 자주색 옷을 입는 경우는 그다지 많지 않았다.

서양의 자주색이 의복에서 독특한 의미를 지니고 있다면, 우리 나라에서는 초록색이 그러하다. 조선시대 처녀들이 입은 초록색 장옷이 대표적인데, '장옷'이란 여자가 나들이할 때 얼굴을 가리기 위하여 머리에서부터 길게 내리쓰던 옷을 일컫는 말이다. 처녀들은 왜 초록색 장옷을 입었을까? 그 이유는 초록색이 처녀를 상징한 데 있다. 초록색이 순수한 자연을 의미하는 데서 연유하여 '때 묻지 않은 심신', 나아가 처녀성을 상징하게 된 것이다. 때문에 시집가는 날 녹의홍상(綠衣紅裳)이라 하여 신부는 녹색 저고리를 입기도 했다.

이처럼 옷 색깔은 문화권에 따라 다양한 의미를 지니고 있다. 하지만 문명이 발달하고 개인의 정서가 중요시된 현대에 들어서는 단순히 관념적인 색채보다는 실용적인 기능성 색채가 주목받고 있다. 우리 나라에서 1960~1970년대에 크게 유행했던 빨간 내복이 그 단적인 예이다. 당시 속옷은 패션보다는 보온을 목적으로 만들어졌는데, 붉은색은 염색하기 쉬운데다 난방이 여의치 않던 시절 열기가 느껴지는 색이라는 이유로 내복 색깔을 지배했다. 요컨대 빨간 내복은 더워 보이기 위한 방편에서 고안된 실용적 의복문화였던 셈이다.

그러나 실제로 몸에 좋은 속옷의 색채는 붉은색이 아니라 흰색이다. 흰색은 대부분의 방사선을 흡수하여 몸에 전해주기 때문이다. 다시 말해 흰색 속옷은 모든 색의 파장을 그대로 영양으로 만들어주어 피부 미용이나 기관지 계통에 유익한 작용을 한다. 이에 비해 검은색 속옷은 아주 적은 방사선만이 작용하여 빛을 전혀 투과시키지 않는다. 그래서 검은색 속옷을 오래 입으면 밝은색 속옷에 비해 피부 노화를 촉진시키는 부작용이 일어날 가능성이 높다.

그런가 하면 옷 색깔은 입는 사람에게 영향을 미치는데 그치지 않고 그를 바라보는 사람에게도 일정한 작용을 한다. 피부색이 그 사람의 상징색이듯 의복은 그 사람의 또 다른 상징색인 까닭이다. 따라서 의복의 색채로 자신의 독특한 매력을 뽐어낼 수도 있다. 예컨대 남성에게 관능적 느낌을 주고 싶은 여성은 붉은색 혹은 분홍색 옷을 입으면 상당한 효과를 볼 수 있다. 반면에 지적 매력을 풍기고 싶은 여성은 스카이블루 혹은 파란색 스카프를 매면 상대에게 이지적인 느낌을 전달할 수 있다. 또한 실제보다 날씬하게 보이고 싶다면 파란색 옷을 입으면 된다.

이 외에도 의복의 색채는 다양한 기능을 하므로 일일이 설명하기는 힘들다. 다만 기본적으로 자신의 피부색에 어긋나지 않는 색을 택한다면 자신의 건강과 개성에 별다른 문제를 일으키지 않을 것이다.

마지막으로 검은색 옷을 빼놓을 수 없다. 옛날엔 검은색 옷이 '어두운 마음'을 상징하였기에, 사람들로부터 호감을 끌지 못했지만 오늘날에는 검은색 옷도 개성의 한 표현으로서 여성들이 잘 입는 색깔의 옷 중 하나가 되었다. 그렇지만 검은색은 얼굴이 황색이고 키 작은 동양인에겐 그리 잘 어울리는 의복 색깔이 아니다. 몸을 더욱 작아 보이게 만들기 때문이다. 그러므로 여자가 검은색 옷에 어울리자면 조건이 많다. 우선 살결이 희어야 하고, 키가 늘씬하게 커야 한다. 그런 여자는 검은색 옷으로 단장하면, 아주 이지적인 매력을 풍긴다.

그렇다면 성적 매력을 강조하고픈 여성이 검은색 속옷을 입는 이유는 무엇일까? 그것은 검은색 자체가 아니라 그 부위에 비밀이 숨어있다. 무슨 말인가 하면 검은색 속옷으로 가려진 부위는 다른 색일 경우보다 해당 부위를 완벽히 감추고 있어서 남성의 호기심을 유발하는 것이다. 뿐만 아니라 검은색은 대비되는 흰색 혹은 노란 피부색을 돋보이게도 한다. 포르노 영화 포스터에서 여성이 허벅지에 검은색 밴드를 두르거나 검은 브래지어와 팬티를 입고 있는 것은 그 때문이다.

검은색에 대한 선호는 남성에게서도 나타나는데, 이는 검은색이 심리적으로 안정감을 주기 때문이다. 실제로 용기 또는 인내심을 얻고 싶을 때 검은색 계통의 옷을 입으면 도움이 되며 콤비로 입을 경우는 노란색·붉은색·흰색과 잘 어울린다.

환경과 색채의 관계

'인간은 환경에 의존하지 인간에 의존하지 않는다.'
-헤로도토스

'환경이 인간을 만드는 것이 아니라 인간이 환경을 만드는 것이다.'
-디즈레일리

위의 언급들은 환경의 영향에 대해 미묘한 차이가 있기는 하지만 환경의 중요성을 일깨워주는 말이라는 데에는 차이가 없다. '환경'은 생물이나 인간을 둘러싸고 직·간접으로 영향을 주는 여러 상황을 일컫는 말이다. 인위적 구조물이 없는 상태에서 자연 속에 동화되어 살았던 인류 초기에는 환경이란 기후 아니면 먹을거리가 주류였다.

하지만 상공업의 발전과 더불어 여러 건축물이 세워지고 가족 단위로 일정한 주거 공간을 갖고 사는 문명사회에서는 환경의 대상이 자연에서 건축물로 바뀌었다. 잠을 자는 공간이든 일을 하는 공간이든 천장과 벽으로 둘러싸인 환경이 인간을 포위한 것이다. 이런 환경에서는 사물의 형체보다는 색채가 더 큰 작용을 일으킨다. 작은 공간이라도 어떤 색인가에 따라서 넓게 보이거나 좁게 보일 수 있다. 색채가 팽창 혹은 수축 효과를 내는 까닭이다. 색채를 통해 실내 공간의 변화를 주거나 환경을 긍정적으로 바꿀 수 있는 힘도 여기에 바탕을 두고 있다.

그렇다면 어떤 색채가 인간에게 이로운가. 이에 대해 실생활에서 활용할 수 있는 대표적인 사례 몇 가지를 간단하게 살펴보고자 한다.

공부방이라면 흰색은 피하는 게 좋다. 흰색은 경쾌한 느낌을 주기는 하지만 능률을 저하시키는 면이 있는 까닭이다. 그러므로 오랜 시간 머무르며 집중해야 하는 공부방에는 단조로운 흰색을 피하는 게 좋다.

일본의 어느 색채학자의 연구에 따르면 공부방의 70% 정도를 베이지색으로 했을 때 마음이 차분한 가운데 집중력을 발휘할 수 있다고 한다. 베이지색 같은 부드러운 중간색이 근육을 이완시켜주고 정신적으로 편안하게 해주는 까닭이다. 이 경우 문은 흰색으로 하는 게 기분전환에 도움이 된다. 그런 점에서 전통 한옥의 흰 창호지는 공기순환작용을 떠나 기분전환에 그만이다.

그러나 서재라면 베이지색보다 좀더 짙은 색을 배경색으로 하는 게 좋다. 시선을 책에서 다른 곳으로 옮길 때 주의가 흐트러지지 않도록 하기 위해서는 다소 짙은 색이 필요하기 때문이다. 공부방이든 서재이든 책상 위에는 붉은색 액세서리를 놓는 게 좋다. 선명한 빨간색이 두뇌에 자극을 주기 때문이다. 다만, 머리가 복잡할 때는 주변 물건이나 책상 위 소품을 노란색으로 바꾸면 두뇌회전 및 기분전환에 도움이 된다.

부엌이라면 초록색이나 청록색과 같은 서늘한 색을 쓰는 게 좋다. 왜냐하면 그런 색들은 시간이 빨리 가는 것처럼 느끼게 해주므로 힘든 일을 느낌으로나마 덜어주기 때문이다. 또한 휴식 공간에도 '눈을 쉬게 하는' 녹색이 좋으며, 복장에 있어서는 녹색 한 가지로 된 스타일이 보기 좋다. 그런 점에서 녹색 행주치마는 매우 적당한 의복 색상이라 말할 수 있다.

끝으로 햇볕이 잘 들어오지 않는 지하실이나 작업실은 노란색이 적당하다. 노란색은 밝은 느낌을 줄 뿐만 아니라 긴장감을 높여주기 때문이다. 이 외에도 복도의 경우 차가운 색은 길어 보이게 하고 따뜻한 색은 짧아 보이게 하는 등 색채를 활용하여 얻을 수 있는 느낌은 끝없이 많다.

그렇지만 기본적인 원칙을 이해한다면 어떤 공간에서도 응용력을 발휘할 수 있을 터이니 이리저리 변화를 주어가며 자신만의 색채 공간을 연출하도록 하자.

기분전환과 안정을 주는 색

사람의 감정은 수시로 변한다. 아무리 맛있는 음식을 먹어도 너무 많이 먹으면 질려서 싫증이 나고, 지루해서 심심해할 때 누군가 우스개 소리를 하면 웃음과 함께 기분이 밝아진다.

감정이 억제되거나 주위환경에 의해 스트레스를 받게 되면 질병이 발생할 수도 있다. 마음에서 비롯된 우울한 기분이 육체적 약화를 초래하는 것이다. 위궤양이 대표적인 예로서 옛날에는 내과의사가 위에 발생한 궤양만 치료했지만 현대 의학에서는 환자의 마음까지도 함께 치료하고 있다.

그러므로 기분을 항상 좋게 유지하는 것은 건강을 지키는 필수적 일인 셈이다. 기분전환을 하기는 쉽다. 여행을 떠나거나 영화를 보면서 기분을 새롭게 바꿀 수 있다. 하지만 그보다 더 간단하고 효율적인 방법이 있으니 바로 색채 활용이다. 색채는 자신만이 아니라 상대방에게도 영향을 미친다는 점에서 더욱 주목할 만하다.

여기에서는 '기분전환과 안정'이라는 측면에서 각 색채별로 어떤 효과를 얻을 수 있는지 대략 살펴보고자 한다.

파란색 파란색은 마음을 차분하게 만들어 심신의 회복력을 높여준다. 그러므로 어떤 일을 앞두고 불안한 상태에 빠졌거나 악몽을 꾸었을 때 파란색 물체를 바라보면 마음의 진정에 큰 효과를 얻을 수 있다. 이때 밝은 파랑은 활기를 느끼게 하는 반면 어두운 파랑은 침체된 느낌을 준다.

눈이 몹시 피곤하고 혈압이 올라갈 때도 파란색을 보면 진정 작용을 얻을 수 있다. 색채병리학자들은 파란색에 두통 및 피로감을 치료하는 특효가 있다고 말한다.

한편, 상대방에게 지성적인 분위기로 비춰지고 싶을 경우 짙은 파란색 옷을 입으면 도움이 된다. 콤비로 입을 경우 회색·흰색과 잘 어울리지만 녹색과는 어울리지 않음을 주의해야 한다.

붉은색 붉은색은 정열의 상징으로서 쾌활함과 잔인성을 나타내며 엄격한 인상을 준다. 또한 성(性)호르몬 및 성장호르몬을 활성화시키고, 마음을 흥분시키는 작용을 하는 한편 우울한 사람에게 자극을 주기도 한다. 요컨대 붉은색은 불안과 긴장을 증가시키는 색으로서 어떤 아이디어를 창안해내는 데 매우 좋은 환경을 제공한다.

한편, 자신의 직관력을 자극하고 싶거나 신념을 강화시키고 싶을 때 붉은 자주색 옷을 입으면 도움이 된다.

분홍색 붉은색의 명도가 높아지고 색조가 약해지면 분홍계열이 되는데 이때는 강렬한 이미지와는 전혀 다른 부드러운 이미지를 갖게 된다. 분홍색이 여성용품에 많이 활용되는 이유도 여기에 있다. 또한 분홍색은 은근하게 두뇌를 자극하고 몸에 울림을 준다. 때문에 분홍색 속옷은 남성에게 성적 자극을 주는 기능을 한다.

주황색 주황색 혹은 오렌지색은 몸에 활기를 주고 식욕을 자극한다. 식욕이 없을 때나 소화가 제대로 되지 않을 때 주황색 식품을 먹으면 큰 도움이 된다. 또한 주황색은 심리적으로 희망을 안겨주는 색으로서 긍정적 기분을 유발하며, 고민하던 일이 해결됐을 때 새 출발을 위한 기분전환을 하기에 적당한 색이다.

한편으로 조급한 마음을 가라앉혀주므로 무언가를 기다릴 때 활용하면 마음의 여유를 얻을 수 있다.

노란색 노란색은 본능적으로 사람을 끌어당기는 색이다. 가득한 햇살의 색으로 힘찬 느낌을 주는 까닭이다.

노란색은 주목효과가 높기 때문에 노란색 형상이나 물건은 기억력을 높여준다. 그러므로 기억력이 감퇴됐다고 느낀다면 노란색을 활용하여 암기하는 게 좋다. 형광펜 활용이 그것으로 중요 내용에 표시하여 암기하자. 하지만 노란색을 남용하면 별다른 도움이 되지 않는다.

초록색 녹색은 진정효과가 있는 색으로서 다혈질인 사람들에게 안정을 준다. 연한 녹색은 중립성과 조용한 느낌을 주며, 짙은 녹색은 고요한 느낌을 더욱 강하게 만들어준다. 온화함·건강·성장을 나타내고 시각적으로 해독작용을 하기도 한다.

녹색은 주의를 집중해야 하는 일이나 깊이 생각해야 하는 일 등에 좋은 환경을 제공한다. 책상의 바탕을 녹색 깔판으로 많이 사용하는 이유도 여기에 있다. 또한 녹색은 사람들의 마음에 부드러운 감정을 일으키므로 '안전'을 강조하는 표지색으로 쓰이기도 한다.

그러나 녹색을 지나치게 많이 사용하면 지루함을 느끼거나 나태해지기 쉽다.

보라색 보라색은 우아하면서도 고상한 느낌을 준다. 동시에 외로움이나 슬픔을 연상시키며, 환상의 세계로 빠져들게 하는 작용을 한다. 따라서 정신적 혼란을 진정시키고 싶을 때 연보라색 옷을 입으면 도움이 된다. 보라색을 특히 좋아하는 사람은 성격의 보완적 안정을 위해 파란색을 좋아하도록 노력하는 게 좋다.

성격과 색채

'피터팬'은 영국 소설가 J. M. 베리의 아동극에 나오는 주인공이다. 주인공 피터팬은 어른이 되는 것을 피하려고 '어른이 되지 않는 나라'로 달아나 숲속에서 요정들과 함께 살고 있다가, 어느 날 귀여운 어린이들인 웬디·마이클·존과 함께 많은 모험을 겪는다는 내용이다. 여기서 '영원한 어린이'인 피터팬은 녹색 옷을 입고 있는 것으로 묘사되고 있다. 왜 그럴까?

서양인들에게 녹색은 특히 '어린이 같은 생각'을 의미한다. 어른이 되고 싶지 않은 피터팬은 녹색 옷을 입고 있는데, 그것은 순수한 동심을 상징하는 동시에 정신적 미성숙을 뜻한다. 왜 초록색이 '어린 마음'을 상징할까? 그 비밀은 자연세계에서의 초록색 성격에 있다. 일반적으로 초록색은 육체적·정신적 미성숙을 뜻하는 동시에 순수한 마음을 의미하는데, 이는 초록색이 덜 익은 풋과일과 자연의 싱그러움에서 연상됐기 때문이다.

이처럼 색에는 나름대로의 독특한 상징이 숨어있으며, 성격에 따라 선호하는 색채도 다르다. 색채심리 연구결과를 살펴보면, 색채에 반응하는 사람은 크게 두 가지로 구분된다. 따뜻한 계열의 색상을 좋아하는 사람과 차가운 계열의 색을 좋아하는 사람이 그것이다. 붉은색·주황색을 좋아하는 사람은 외향적이며 세상에 적극 적응하는 편이며, 파란색을 좋아하는 사람은 내향적이며 정서적으로 차분한 편이다. 바꿔 말해 전자의 경우 외부의 영향에 대하여 감수성이 예민하고 후자의 경우 객관적인 일보다는 주관적인 일을 중요하게 여긴다.

하지만 색채를 보다 자세히 구분하면 사람들의 성격은 더 다양하게 나타난다. 다음 내용은 여러 색채학자들의 연구결과 밝혀진 전형적인 성격인데, 좋아하는 색을 통해 자신 또는 상대방의 성격을 파악하는데 참조할 만하다. 한 가지 색이 아니라 여러 색을 좋아한다면 그만큼 다중성이 강함을 의미하니, 이 점을 감안하면서 살펴보자.

초록색을 좋아하는 사람의 성격 녹색을 좋아하는 사람은 균

형이 잘 이루어져 사려가 깊다. 편견이 적고 민주적인 견해를 갖고 있으며 보수적 기질도 있다. 성실하며 솔직하고 도덕심이 강해 예의바른 행동을 한다. 그러나 예술적이고 섬세한 감정이 부족하며, 논리적·체계적 이해를 선호한다. 취미가 별로 없어 사람을 사귀는 데 서툴지만, 상상력이 풍부하다.

지나치게 녹색을 좋아한다면 심리적으로 불안한 상태에 있음을 의미한다. 회색빛을 띤 녹색을 좋아하는 사람은 허위와 기만, 연하고 선명한 녹색을 좋아하는 사람은 동정과 연민의 상태에 있음을 나타낸다. 반면 극단적으로 초록색을 싫어하는 사람은 고독에 파묻힌 심리상태를 나타낸다.

붉은색을 좋아하는 사람의 성격 붉은색을 좋아하는 사람의 성격은 외향적·행동적이며 감정을 쉽게 표출한다. 고독을 싫어하고 현실적 쾌락을 즐기며 정력적이다. 대체로 일하거나 사람을 사귈 때 감정에 많이 좌우될 뿐만 아니라 생각한 것을 즉시 말해버리는 경향이 있다.

야심적인 성격도 있어서 가끔 앞뒤를 가리지 않고 일을 시작한다. 이 경우 자신의 단점을 인정하지 않는 고집이 문제가 된다. 좀더 치밀한 준비를 위해 노력한 후 일을 시작하는 것이 좋다.

붉은색이라도 색깔에 따라 성격에 차이가 있다. 만약 어떤 사람이 강렬한 붉은색을 좋아한다면 왕성한 성욕에 들떠있거나 깊은 열등감에 빠져있음을 의미한다. 빨간색을 지나치게 좋아한다면 현실 균형감각을 상실했을 가능성이 매우 높다. 반대로 빨간색을 지나치게 싫어한다면 심신이 피로에 지쳤음을 나타내는 것이다. 일반적으로 근육형인 사람들이 빨간색을 좋아하는 경향이 있다.

파란색을 좋아하는 사람의 성격 파란색을 좋아하는 사람은 내향적이며 감수성이 예민하다. 또한 독단적이고 강한 신념을 가지고 있으므로 웬만해서 자신의 뜻을 굽히지 않으며 늘 자신의 생각이 옳다고 생각한다. 감정 억제가 완벽하여 쉽게 흥분하지 않으며 책임감 또한 강한 모범생 같은 형이다. 자신의 존재를 신성시하는 경향도 있다.

참을성이 있는데다 오기도 있기 때문에 어떤 일이든 깔끔하게 해치우는 뛰어난 인재인 경우가 많다. 또한 자신에 대해 엄격하기 때문에 항상 자신의 일에 양심적으로 전념한다. 유행을 타는 것은 아니지만 말이나 행동, 복장에도 매우 신경을 쓴다.

선명한 파란색을 좋아한다면 심리적으로 긴장하고 있음을 나타낸다. 예외적으로 빨강을 좋아하는 사람이 파랑도 좋아하는 경우가 있는데, 그것은 '격무 끝의 휴식'을 갈망하는 심리상태를 나타낸다.

노란색을 좋아하는 사람의 성격 노란색은 태양의 색으로서 온화·기쁨을 상징한다. 노란색을 좋아하는 사람은 밝은 느낌 그대로 명랑하고 솔직한 성격을 지니고 있다. 사람들과 잘 어울리고 외향적인 면모가 있다. 새로운 일에 관심이 많고 한 가지 일에 오래 매달리지 않는 경향이 있다.

또한 노란색을 선호하는 이들은 정서적으로 불안스러운 면이 있다. 혼자 있는 것을 견디지 못해서 항상 사람들과 있기를 좋아한다.

한편 황금색에 대한 집착은 강한 물질적 욕망을 의미하며, 이 경우 황금색은 정신적 흥분제 역할을 한다. 색채요법에 있어서 노란색은 일차적으로 환자를 유쾌하게 해주지만 나중에는 환자를 더욱 혼란스런 상태로 빠뜨리는 부작용이 있다.

검은색을 좋아하는 사람의 성격 검은색을 좋아하는 사람은 위엄과 권위를 추구하는 경향이 있으므로 협조성이 부족하고 고독감에 빠지기 쉽다.

또한 특정 관념과 원리에 집착하기 쉬우며, 적개심을 타인에게 발산하는 경향이 있다. 뿐만 아니라 솔직하지 못하고, 명랑한 기분을 조절하는 능력이 부족해서 사람들에게 그리 인기를 끌지 못한다.

지나치게 검은색을 좋아하는 사람은 심리적으로 절망해 있거나 몹시 우울한 상태에 있음을 의미하며, 동시에 마음속에서 자기비하와 자존심이 갈등을 일으키고 있음을 뜻한다.

검은색을 지나치게 좋아하는 여성은 남성에 대한 의타심이 매우 강한 심리상태임을 나타낸다.

흰색을 좋아하는 사람의 성격 흰색을 좋아하는 사람은 항상 완전함을 추구한다. 기품 있는 처신을 위해 노력하지만 일에 대한 적극성은 부족하다. 마음으로는 늘 선망받을 만한 사람이 되고 싶어 하면서도 그것을 꿈으로만 여길 뿐 현실적으로 노력하지 않는 경향이 있다.

가정에 충실한 사람이 많으며, 보수적 기질이 강해서 웬만한 일에는 감동하지 않는다. 결벽성도 강하기에 냉혹한 사람으로 오해받기 쉽다. 슬픔에도 강한 만큼 더욱 그렇다. 스스로도 답답할 만큼 애정 표현에 서툴다.

정신상태가 불안정한 사람이 흰색을 특히 좋아한다면 어딘가로 도피하고 싶은 심리상태를 나타낸다.

보라색을 좋아하는 사람의 성격 보라색을 좋아하는 사람은 신비함을 좋아한다. 천성적으로 직관력이 좋으며, 예술적 재능이 있고 천재도 많다.

일반적으로 보라색을 좋아하는 사람은 두 가지 유형으로 나뉜다. 수줍음이 많아 세상을 등지고 조용히 사는 유형과 지도자적 역할에 만족을 느껴 위엄과 품위를 지키며 사는 유형이 그것이다.

사색에 잠기길 좋아하며 철학에도 관심이 많다. 그러나 삶을 헤쳐 나가는 적극성은 매우 부족하다. 자신의 환경에 불만이 많으나 이를 극복하기 위한 노력이 부족해서 대체로 현실에 불만이 많으며, 윗사람에게는 순종하면서 아랫사람에게는 거만한 자세로 군림하려는 이중인격적인 면이 강하다.

자주색을 좋아하는 사람의 성격 자주색은 예술가·신비주의자 등 내성적 성격의 사람들이 좋아한다.

재능이 풍부한 사람이지만 세상을 혐오하며 히스테리 기질이 잠재해 있다. 협조성이 없고 고독감에 빠지기 쉽다. 특정의 관념과 원리에 집착하기 쉽다. 자기비하와 자존심이 마음속에서 갈등을 일으킨다. 정서적으로 불안정하다. 불안이 심한 사람에게 많은데, 심하면 정신질환을 의심할 필요가 있다.

회색을 좋아하는 사람의 성격 회색을 좋아하는 사람들은 대체로 결단성이 부족하고, 우유부단하며 활기가 부족한 그런 정신상태를 나타낸다.

한편으로는 신중하고 성실하며 늘 남에게 도움을 주고 싶어하는 성격을 지니고 있다. 그러나 자립심과 패기가 부족하며, 유혹·암시에 빠지기 쉽다.

정상인들이 회색을 선호하는 경우는 드물고, 정신질환이 있는 사람들이 때때로 선호한다. 극단적으로 회색을 좋아하는 사람은 절망·공포의 감정에 빠져있음을 의미한다.

반대로 회색을 싫어하는 사람은 자신의 평범한 감정에 질려있는 경우다. 쾌락주의자들은 대개 회색을 좋아하지 않는다.

한편, 회색은 사람들이 별로 매력을 느끼지 못하면서도 현대인의 의복에는 많이 활용되는 색이며, 어떤 사람이 입어도 무난한 색이다. 복장의 회색은 특히 파란색·붉은색과 잘 어울린다. 차분하고 소극적 분위기를 연출하고 싶을 때 입으면 좋다.

색에 담긴 감정

빨강 : 붉은 유혹과 강렬한 투쟁

흔히 '붉은 사과'는 먹음직스런 과일의 대명사처럼 표현된다. 그래서 에덴 동산에 나오는 선악과(善惡果)는 성경에 과일 이름이 구체적으로 적혀 있지 않음에도 불구하고, 사람들은 붉은 사과라고 생각하고 있다. 이것은 사람들이 붉은색에 유혹을 느끼고 있음을 암시한다. 그렇다면 사람들이 붉은색에 유혹을 느끼는 심리적 이유는 무엇일까?

인류는 불과 2백 년 전까지만 하더라도 어느 지역을 막론하고 수렵을 일삼았고 지금도 육식을 즐기고 있다. 그런데 고기 색깔은 붉은색이다. 따라서 사람들은 붉은 고기를 일상 보아왔기에 '피(血)의 색'에 낯설지 않다.

사람들이 붉은색에 흥분과 유혹을 느끼는 이유는 바로 여기에 있다. 누구라도 처음 보는 이에게는 경계심을 품게 되지만 자주 보는 이에게는 친밀감을 느끼듯이, 우리의 잠재의식은 자주 보아온 붉은색에 친근감을 느끼도록 작용한다. 요컨대 붉은색은 눈에 익은 친숙한 원색이기에 사람들의 관심을 끄는 것이다. 야채의 초록색에도 같은 이유로 친밀감을 느끼게 되지만, 강렬한 느낌 때문에 붉은색이 유혹의 색으로 자리를 잡았다.

시선을 끄는 강렬한 유혹으로서의 붉은색은 판촉에도 적극 활용되었으니, 코카콜라사가 만든 산타클로스 복장이 대표적이다. 산타클로스는 유럽의 전설에 나오는 마음씨 좋은 할아버지지만 본래의 그 모습은 오늘날과 같지 않고 나라마다 달랐다. 흰색 외투 혹은 진청색 옷을 입은 산타도 있었다. 적어도 19세기까지는 그랬다.

뚱뚱한 몸에다 맘씨 좋게 생긴 얼굴에 새하얀 수염이 가득하고 특유의 붉은색 외투와 붉은색 삼각형 모자, 굵은 가죽 벨트를 걸치고 있는 산타클로스의 모습은 1931년 미국의 코카콜라사가 처음 만들어냈다. 당시 코카콜라사는 겨울철 콜라의 판매량이 격감하자, 이를 타개하기 위한 홍보전략을 세웠는데, 그중의 하나가 당시 각양각색이던 산타 모습 대신 새로운 모습의 산타클로스를 창조하는 것이었다. 사람들에게 친근하게 느껴지는 산타를 통해 콜라를 선전하기 위해서였다. 그래서 자기 회사의 삽화가를 통해 정겨운 산타 모습을 만들어냈다.

산타의 옷 색깔을 붉은색으로 선택한 이유는 따뜻함을 느끼게 할 뿐만 아니라 붉은색이 눈에 잘 띄기 때문이었다. 그리고는 이 산타를 입간판에 대대적으로 등장시켰는데, 이 모습이 바로 오늘날의 정형화된 산타 할아버지다.

그러나 그 무엇보다도 강렬한 붉은색의 상징은 '생명력'이다. 원시시대 사냥을 하는 과정에서 피 흘리면서 죽는 짐승을 보며 혹은 상처 입은 사람의 몸에서 나온 피를 보며, 인간은 붉은색에서 강렬한 생명의 힘을 느꼈다. 또한 생존경쟁 사회에서 강하게 살아야 하는 투쟁정신을 깨달았다.

산 짐승을 죽여 신에게 바친 희생의식은 피의 성스러움을 강조한 사례이고, 전쟁터에서 입는 붉은 옷이나 방패는 역동성을 강조한 사례이며, 갓 잡아 죽인 동물의 피를 나눠 마시며 동지애를 다지는 의식은 같은 존재임을 강조한 사례이다. 특히 한 동물의 피를 나눠 마시는 행위는 형제처럼 같은 핏줄이 되었음을 상징하며 많은 문화권에서 볼 수 있다. 그러하기에 새로운 세상을 추구하기 위해 혁명을 도모한 사람들은 붉은 피로 맹세를 하거나 붉은 포스터로 대중들의 심리를 자극했다. 혁명이 이뤄지려면 역동적인 힘이 필요했던 까닭이다.

오늘날에도 붉은색은 여전히 '생명·유혹·투쟁'을 상징하며 피의 색깔이 달라지지 않는 한 그 이미지는 영원히 계속될 것이다.

파랑 : 그리움과 우울함

입신출세하려는 청년의 희망을 '청운의 꿈'이라 하고, 학덕이 높은 사람이나 높은 벼슬에 오른 사람을 '청운지사(靑雲之士)'라 한다. 또 '파랑새'는 반가운 소식 또는 희망을, '청신호'는 순조로운 징조를 비유하는 말이다.

파란색에 대한 이와 같은 긍정적 인식은 '그리운 파란색'을 낳았으니 파란색을 생각하면 아득한 그리움이 연상된다. 한국인들이 이처럼 '상상하거나 보는 파란 것'을 좋아하는 이유는 무엇일까?

북쪽에서는 오랑캐로부터 남쪽에서는 왜구들에 이르기까지 외침에 시달리고 언제나 불안에 떨던 한국인들은 파란색을 상상하며 마음의 안정을 얻고 꿈의 세계로 날아갔다. 다시 말해 파란색은 살벌하고 황량한 일상세계로부터 마음이나마 쉽게 벗어날 수 있었던 애정의 색이었던 까닭에, 복잡한 현실세계에서 벗어나고 싶은 사람들에게 선호된 것이다.

파란색에 대한 선호는 고대에도 있었다. 파랑은 오행사상에서 동쪽 방향을 가리키는데, 이는 해돋이·밝음·맑음 등과 연관된 상징성을 갖춘다. 신화의 세계에서 천지개벽의 첫 순간 빛깔로 파란색을 묘사하는 것도 이 때문이다. 제주도 개벽신화에는 "하늘에서 파란 이슬이 내리고, 땅에서 물 이슬이 솟아 서로 합쳐져 음양 상통으로 만물이 생겨나기 시작했다"고 하였다.

파랑은 하늘빛이기 때문에 서양에서 신들의 상징적 빛깔이 되었다. 그리스 신화의 제우스는 파란 옷을 입은 것으로 묘사되었고, 북유럽의 주신(主神) 오딘(Odin)도 파란 옷을 입은 것으로 표시되었다. 물론 제우스의 파랑은 하늘의 빛깔, 오딘의 파랑은 얼음의 상징 빛깔이라는 차이점이 있지만, 근본적으로 그 환경을 지배하는 절대자임에는 틀림없다.

색채심리학자들은 일반적으로 파란색이 불안한 마음을 안정시키는 색이며, 또한 편한 분위기에 휩싸여 있는 색으로서 무정한 일상생활로부터 도피시켜 주기도 하고, 성인들에게 어린시절의 추억을 되살리게도 하는 색이라고 말한다. '상상하거나 바라보는 파란색'에 대한 한국인의 선호는 이와 맥을 같이 한다고 볼 수 있다.

그 연장선상에서 파란색은 청결과 고독의 느낌을 강하게 주면서 평소 꿈꾸고 있는 이상을 이끌어낸다. 파란색을 뜻하는 영어 블루(blue)가 '우울·울적한 기분'이라는 의미 또한 지니고 있는 것도 이런 관념에 기인한다.

그로 인해 파란색은 보는 사람에게 더욱 평범하고 공허한 느낌을 주기도 하지만 한편으로는 깊은 성찰과 반성의 마음을 끌어내기도 한다. 결국 파란색은 '그리움'과 '우울함'을 동반한 현실 바깥에 있는 이상적 관념의 색인 셈이다.

노랑 : 원초적이고 현란한 파장

금관·금목걸이·금팔찌·금반지 등의 고대 유물을 보면 금으로 만든 물건이 많다. 오늘날에도 여전히 사람들은 금을 좋아해서 금으로 된 액세서리를 즐겨 한다. 그런데 사람들은 같은 순금이라도 특히 백금보다 황금을 좋아한다. 왜 그럴까?

사람이 금을 좋아하는 것은 노란색에 대한 본능적인 호감 때문이다. 인류가 많은 금속 중에서 처음 발견한 것은 번쩍번쩍 빛이 나는 금이었는데, 금은 변하지 않는 영원성으로 인해 사람들로부터 귀한 금속으로 대접받기 시작했다. 더구나 그 빛깔은 밝은 빛을 뿜어내는 태양의 상징색이기도 했다.

그래서 권력 또는 재력 있는 자들이 금을 독차지하기 시작했고 각종 장신구를 온통 금으로 만들어 권위를 과시하려 했다. 특히 통치자들은 의복이나 왕관은 물론 식기·수저 등의 식생활용구와 의자·침대에 이르기까지 자신의 소유물을 모두 금으로 만들어 소유하였다.

금으로 만든 식기에 음식을 담아 먹으면 부귀권세를 누리고 장수한다는 믿음이 생긴 것은 웬만해서는 금을 소유할 수 없는 일반인들의 부러움 섞인 희망에서 비롯된 속신이었음에도, 금의 위력에 대한 환상은 더욱 커져갔다. 이에 따라 값싼 재료로 황금과 똑같은 합금을 만들어 내려는 노력이 강구되었다. 그 결과 발명된 것이 놋그릇이며, 식기로 쓰는 놋그릇은 황금을 모조하기 위한 연구결과로 태어난 것이다.

한편, 금은 쉽게 변형되기 때문에 다른 금속과 섞어서 가공하는 경우가 많은데, 그에 따라 24K·18K·14K 등으로 불순물이 섞인 농도를 표시한다. 여기서 K는 금의 품위(品位)를 나타내는 것으로 캐럿의 줄임말이다. 한자로는 금성(金性)이라 하며, 1캐럿의 무게는 1.296g이다. 다시 말해 'K'는 캐럿의 줄임말이고 '금'은 금성의 줄임말이다. 그러므로 '24K'는 불순물이 없는 완전한 순금을 뜻하고, '18K'는 (6K 정도의 비율로 다른 금속이 섞인) 18캐럿 금이라는 뜻이다.

가치로 판단할 때는 단연 순금을 최고로 치지만 빛깔 면에서는 18금이 으뜸으로 여겨진다. 그야말로 '황금빛'은 순금이 아닌 18금에서 나타나며, 황금 색깔이 백금보다 아름답기 때문에 황금을 더 선호한다. 황금빛으로 대표되는 노랑은 이런 배경을 바탕으로 인간에게 욕망의 색으로 작용한다. 다시 말해 현실적 욕망이 강하거나 넓은 인간관계를 추구하는 사람은 노랑에 우호적인 반응을 나타낸다.

색채심리에서도 노란색을 좋아하는 사람은 밝고 낙천적인 성격의 소유자로서 큰 이상과 야망을 갖고 있다. 다만 노랑을 좋아하는 사람은 붉은색을 좋아하는 사람에 비해 실천력이 약한 편이며, 이론적으로 생각하기를 좋아한다.

하지만 지나치게 노란색을 좋아한다면 욕구불만일 가능성이 높다. 노란색은 한편으로 불안의 색인 까닭이다. 예컨대 아기들은 심리적으로 안정적이지 못한 상태이기 때문에 노란색에 빠른 반응을 보인다. 그러나 성인이 되어 자신의 의지로 환경을 바꿀 수 있는 상태가 되면 붉은색이나 파란색을 좋아하게 된다. 그러므로 성인임에도 노란색에 집착한다면 정신분열 증세를 의심해보아야 한다.

그런 점에서 노랑은 '욕망'과 '집착'이 멀지 않은 사이임을 보여주고 있다고 말할 수 있다. 욕망을 버릴 수는 없지만 적당한 거리를 두고 사는 법, 그 길이 평화의 길임을 노랑이 일러주고 있는 것이다.

검정 : 두려움과 금욕

마피아나 야쿠자 단원들은 검정 옷을 입고 있는 경우가 많다. 동양이든 서양이든 패거리의 두목을 맞이하는 부하들은 검은색 정장을 차려입은 채 죽 늘어서서 정중하게 예를 표한다. 왜 그럴까?

사실 검은색을 조직의 구성원들에게 입게 한 역사는 의외로 길다. 가까이는 이탈리아의 독재자 무솔리니가 1919년 파시스트 운동을 전개했을 때, 추종자들에게 검정 셔츠를 입게 하였다. 이때의 검은빛은 무자비하고 잔인한 위협과 공포의 상징색이었다. 독일의 나치 친위대를 위시하여 히틀러유겐트(나치스 독일의 청소년 조직)도 검정 옷을 입었다. 위협·공포뿐만 아니라 엄정한 권위와 규율을 강조하기 위함이었다.

그런가 하면 중국의 왕조 중 진시황제가 검정색을 선호한 이유도 검정색은 당당하고 힘이 있으며, 엄숙하고 무게감이 있기 때문이었다. 즉 검정색은 내부적으로는 집단의 단결력을 과시하고 외부적으로는 상대에 대해 위협감을 강조하기 위한 목적으로 이용되었던 것인 바, 마피아 단원들이 검은색 양복을 즐겨 입는 이유도 여기에 있다. 상대에게 강한 인상을 주기 위해서 검은색을 택한 것이다.

그렇다면 이슬람 문화권에서 여성들은 왜 검은색 차도르를 뒤집어쓸까? 대부분의 이슬람 사회에서는 10세 이상의 여성이라면 누구라도 외출할 때 검은색 차도르를 뒤집어써야 하는데, 이는 조직폭력배의 검은색 옷과 그 의미가 전혀 다르다.

차도르는 페르시아 시대의 전통적인 복장이다. 이란 사람들은 차도리 또는 차다라고도 한다. 여성이 외출할 때는 반드시 차도르를 뒤집어써야 한다. 차도르를 쓴 여성을 보면 검은 천으로 온몸이 감싸여서 눈만 보인다.

머리에서 발목까지 덮는 일종의 검은색 망토인 차도르는 모래바람이 잦은 사막지대의 특성 때문에 생겼다고도 하며, 여자를 독차지하기 위한 남성들의 욕심 때문에 생겼다고도 한다. 하지만 남성에게는 검은색을 강요하지 않은 것을 보면 그 이유가 다른 데 있음을 짐작할 수 있다. 바로 금욕이다. 화려하고 현란한 색은 사람들의 욕망을 자극하지만 검은색은 일체의 욕망을 잠들게 한다. 그러므로 이슬람 문화권에서는 여성들에게 순종과 금욕을 강조하기 위해서 검은색 차도르를 관습화한 것이다.

조직폭력배든 이슬람 여성이든 간에 검은색은 위협·공포·복종의 마음을 조성하기 위해 이용되었다. 이는 근본적으로 빛과 어둠이라는 이분법적 사고에서 비롯됐으며, 태양숭배사상을 강조하기 위한 부작용이기도 하다. 고대의 통치자들은 밝은 대낮을 상징하는 흰색을 선(善)으로 하는 반면 어둠을 상징하는 검은색을 악(惡)으로 규정했다. 이때 태양이 지배하는 낮에는 선이 세상을 다스리지만 밤에는 악마들이 돌아다니며 인간을 괴롭힌다고 주장한 바, 좋고 나쁨의 두 가지로만 판단하는 흑백논리관념이 여기에서 비롯됐다.

그렇지 않아도 인간은 어둠을 두려워한다. 판단력의 90%를 차지하는 시각 정보가 차단된 상태에서는 당연히 그럴 수밖에 없다. 이런 심리를 간파하여 생긴 태양숭배사상은 이후 문명화된 인간에게조차 검은색을 중압감·답답함 따위와 함께 절망과 죽음을 상징하는 색으로 여기게 만들었다. 앞으로도 빛이 세상을 지배하는 한 검은색은 인간에게 부정의 이미지로 작용할 것이다.

하양 : 순결과 환희

고대 로마에서 집정관은 정치를 담당한 최고 관리였는데, 이들은 모두 흰색 옷을 입었다. 왜 그랬을까?

고대 로마시대에 복식은 상징적인 의미를 지니고 있었다. 로마 의상의 대표적인 토가(Toga)는 한 장짜리로 된 활(弓) 모양의 천으로서 몸에 감아 입는 형태의 옷인데, 이 토가는 종류에 따라서 신분의 표시를 상징적으로 나타냈다.

토가 프래텍스타(Toga Praetexta)라 불리는 흰 천에 붉은 자색 테두리 장식을 한 것은 집정관이 착용했고, 순백색 토가 칸디다(Toga Candida)는 장래에 관리가 될 사람이 착용했으며, 토가 픽타(Toga Picta)는 한쪽 면에 금색실로 자수를 놓은 호화로운 것으로 황제가 착용했다.

특히 토가 칸디다의 흰색은 남다른 의미가 있었으니, 그것은 국민들에게 약속하는 '정치적 지조와 순결'을 의미했다. 고대 로마에서 시민의 마음을 대변하는 후보자들은 권력과 금력을 탐하지 않고, 속임수·비굴·변절이 없는 정치적 지조와 순결을 약속하는 상징적 복색으로 순백색의 토가를 입음으로써 정신적으로 때 묻지 않음을 드러냈던 것이다.

고대 로마 집정관들이 입던 '선거용 흰색'에 대한 상징적 이미지는 한때의 유행에 그치지 않고 근대에까지 이어졌다. 선거에 입후보하는 것을 뜻하는 영어 '후보자(candidate)'는 '흰색 옷을 입은 사람(candidatus)'에 어원을 두고 있으며, 1896년 미국 대통령 후보로 출마했던 브라이언은 이 로마의 흰색 토가를 본떠 하얀 옷차림으로 유세를 하여 화제를 모으기도 했다.

요컨대 흰색 정장은 남성에게 정치적 지조와 무욕(無慾)의 감정을 나타낸 것이다. 이에 비해 여성에게 다가간 흰색의 상징은 비슷한 듯하면서도 조금 다른 의미를 지닌다.

'신부복'하면 흰색 웨딩드레스를 먼저 떠올리게 되며, 오늘날 결혼하는 신부들은 대부분 흰색 웨딩드레스를 입는다. 왜 그럴까? 신부가 흰색 신부복을 입기 시작한 것은 고대 그리스 시대부터인데, 흰색이 '순결'이 아닌 '환희'를 의미한다고 믿었기 때문이다. 고대 로마시대의 신부들도 흰색 옷을 입었지만, 악마를 쫓아낸다고 여겨진 붉은색 베일을 쓰는 것이 그리스 시대와 달랐다. 로마에서 시작된 붉은색 베일 풍속은 점차 붉은색 옷과 조화를 이루게 되었고, 그 습관은 르네상스 시대까지 계속 이어져 중세시대의 유럽 신부들은 붉은색 신부복을 즐겨 입었다.

단지 기독교인들만이 흰색 예복을 입었는데, 흰색 예복에는 순종·순결의 뜻이 담겨 있었다. 전통적으로 기독교인들의 결혼예복이었던 흰색 웨딩드레스는 19세기 이후부터 결혼예복의 상징으로 일반화됐다. 개인의 인권이 조금씩 강화되는 시점에서 기본적으로 청결함과 맑은 이미지를 좋아하는 여성의 취향이 반영된 결과였다. 남성에게 의존하는 것이 자연스러운 사회 분위기도 순종·순결을 상징하는 흰색 웨딩드레스를 당연하게 만드는 데 일조했다.

우리 나라에도 19세기 말엽부터 조금씩 서양풍의 결혼예식이 도입돼 전통 혼례복 대신 흰 한복에 베일을 늘어뜨리는 신부복이 유행했다. 그러다가 1970년 전후로 서양식 웨딩드레스와 거의 흡사한 신부복이 보편화되었다.

흰색은 이렇듯 긍정적 감정으로 인간에게 다가왔다. 환희·기쁨·넓은 느낌은 모두 흰색이 주는 긍정의 감정이다. 그러나 흰색에 대한 집착은 현실을 벗어나려는 몸부림의 징조로 여겨진다는 점에서 주의해야 한다. 어느 색이든 인간에게 절대적 긍정을 주지는 않는 것이다.

보라 : 성스러움과 신비

고대 헤브루의 성직자들은 보라색 옷을 입었고, 초기 기독교 성직자들도 보라색 법복을 입었다. 그리스 신화의 신들도 보라색 장삼을 입었으며, 솔로몬 왕의 마차 색깔도 보라색이었다. 왜 왕이나 신들은 보라색을 애용했을까? 예부터 보라색은 성스럽고 고귀한 색으로 여겨졌으며, 보라색 이미지는 하늘의 뜻을 대행하는 신성한 사람만이 취할 수 있는 복색이었다. 그러하기에 동·서양을 막론하고 여느 백성들은 보라 빛깔을 쓰지 못하게 하는 금지령이 수천 년간 이어 내려왔다.

색채심리학자들은 보라색이 이처럼 성직자 또는 권력자들로부터 사랑을 받고 그들의 상징 빛깔로 숭상된 것을 보라색의 중간색적 특성 때문이라 해석하고 있다. 즉, 보라색은 하늘을 뜻하는 파란색과 인간의 피 빛깔인 붉은색이 섞인 중간색이므로 하늘의 뜻을 인간에게 전달하는 자의 존엄한 이미지에 가장 어울리는 색이라는 것이다.

그런가 하면 고대 이집트 여왕 클레오파트라는 로마 장군 안토니우스가 이집트에 왔을 때 온통 보라색으로 단장한 배를 타고 보라색 옷을 입은 채 마중을 나갔다. 이는 보라색에 담긴 독특한 감정을 이용하기 위해서였다. 어떤 감정일까?

색채심리에서 보라색은 신비스러운 느낌을 주며, 명상적인 사고를 나타낸다. 또한 슬픔과 우울, 숭고함, 위엄의 충만한 느낌을 준다. 그뿐만 아니라 마음을 진정시켜주며, 특히 심장·

폐·혈관에 영향을 미친다.

클레오파트라는 이러한 보라색의 신비적 느낌을 잘 알고 있
었기에 안토니우스의 마음을 사로잡기 위해 온통 보라색으로
꾸미고 맞이했던 것이다.

보라색이 신비한 느낌을 주다보니 왕족들은 보라색으로 궁
궐을 단장하기도 했다. 로마시대에 보라색은 황실의 색이었으
며, 중국에서도 천자가 거처하는 대궐을 자금(紫禁), 천자가 입
는 보라색 옷을 자포(紫袍)라고 부르며 보라색의 성스러움을 한
껏 강조했다. 한 나라를 통치하는 지배자가 자신을 신비한 존
재로 부각시키기 위해 보라색으로 성스러움을 넘어서 신비함
을 자아내려 한 것이다.

보라색에 대한 권력자들의 집착이 얼마나 집요했는가를 보
여주는 일화가 있다. 영국의 W.H. 퍼킨이 세계 최초의 합성염료
인 보라색 '아닐린(aniline)'을 발견했을 때 영국 여왕인 빅토리아
는 이 물감에 매혹되어 1862년 런던 만국박람회를 공식적으
로 개막하는 자리에 이 염료로 염색한 연보라빛 드레스를 입
고 나타나 주목을 끌기도 했으며, 제정 러시아 황제 니콜라스
2세의 아내 알렉산드리아도 이 색에 완전히 반해 궁전 내 자신
의 내실을 완전히 연보라색으로 꾸몄다.

보라색은 근대까지도 철저하게 지배자의 색으로 군림하
여 아닐린이 얼마든지 대량생산될 수 있는 인조염료임에도 아
주 조심스레 대중들에게 전파돼야만 했고, 왕실이 무너져가는
20세기 이후에야 민간에서도 널리 사용되었다.

오늘날 보라색을 통해 성스러움을 강조하는 분위기는 많이 사라졌지만 신비한 감정을 유발하는 요소는 여전히 남아 있다. 그래서 마법사의 옷을 표현할 때에는 대개 보라색으로 칠한다.

인간의 마음에 자유로운 상상이 존재하는 한, 보라색은 시대를 초월하여 기묘한 신비로 계속 작용할 것이다.

초록 : 평화와 외계인

일본의 모든 철도역 발매 창구는 녹색으로 표시되어 있다. 왜 그럴까? 색채학자들에 따르면 녹색은 진정효과를 주는 한편, 빨강이나 노랑보다는 멀고 작은 느낌을 준다. 녹색이 안전요원이나 구호소 등의 안전색채로 사용되는 것은 이 때문이다.

오늘날 일본의 철도역에 있어서 모든 발매 창구를 '녹색의 창구(綠の窓口)'라 하는 것도 녹색이 상징하는 안전성과 밀접한 관련이 있다. 즉, 철도를 운행하는 입장에서 녹색을 통해 고객에게 편안하고 안정된 '안전여행을 보장한다'는 느낌을 주려하는 것이다.

이와 같은 녹색의 감정은 나뭇잎이나 풀빛 따위 식물색채에서 비롯되었다. 움직이지 않고 한자리에 고정되어 있는 식물은 인간에게 위협적으로 보이지 않는 바, 그 상징색인 녹색은 자연스레 평화의 이미지를 갖게 된 것이다.

하지만 녹색에는 평화와 위배되는 색다른 감정이 있다. 옛날 유럽에서는 사업에 실패하였거나 사고로 파산하였을 경우, 그의 재산을 채권자에게 털어놓게 된 사나이는 '파산자(破産者)'라는 표지로 테두리 없는 초록색 모자를 써야 했다. 거기에는 두 가지 의미가 있었다. 하나는 '가증스러운' 채무자에게 공공연히 모욕을 주면서 채무자가 그의 재산을 다른 데로 빼돌리는 것을 방지하기 위한 목적이었다. 다른 하나는 채무자의 이익도 고려한 것으로 파산자가 이젠 채무에서 해방된 것을 의미하였다.

그렇다면 왜 하필 초록색을 썼을까? 서양에서는 신용을 최우선의 덕목으로 치는 바, 파산은 막심한 신용 파괴로 인식됐고, 파산자는 다른 사람에게 피해를 끼친 '범죄자와 다름없는 나쁜 사람'으로 다루어진 까닭에 '불안·경계 대상 인물'을 상징하는 초록색 모자를 써야 했던 것이다. '초록색 모자'의 규칙은 이탈리아에서 프랑스로 유입되어 1580년 파리 최고 재판소의 선고에도 나타났는데, 18세기 말경에야 이 풍습이 없어졌다. 하지만 오늘날에도 초록색은 서양에서 '경계해야 할 사람'을 나타내는 용도로 쓰이고 있으니, 이른바 '그린카드(green card)'가 대표적인 예이다. 미국에서 불법체류자에 대한 경고로 사용되는 '그린카드'는 '경계 대상 인물'을 구분 짓는 상징물로서 '초록색'을 쓰고 있는 것이다.

그렇다면 왜 초록색이 경계 대상자의 상징색으로 여겨질까? 전통적으로 서양인들은 녹색을 '자연 또는 순수한 동심'을 상징한다고 생각하면서도 한편으로는 '꺼림칙하거나 피하고 싶은 대상'을 상징하는 색으로 보았다.

그것은 두 가지 이유에서였다. 하나는 울창한 삼림의 밤 분위기에 기인하는 바, 어두운 밤 달빛에 비춰진 짙푸른 숲은 음산한 불안감을 안겨주는 무서움 그 자체였기 때문이다. 다른 하나는 빈번하게 유럽을 침략하여 공포감을 안겨주었던 이슬람 문명의 상징색이기 때문이다. 이슬람 세계에서의 녹색은 예언자와 평화의 색이자 오아시스의 색이기도 한데 그 녹색이 유럽인들에게는 불안한 느낌을 주었다.

그래서 '피해야 하거나 경계해야 할 대상'을 표지하는 상징색으로 녹색을 썼다. 서양에서 요물이나 외계인의 몸 빛깔을 짙푸른 녹색 혹은 검푸른 녹색으로 표현하는 것도 이런 관념에 바탕을 두고 있다.

미국에서 만들어진 영화 「그린치 How The Grinch Stole Christmas」나 「슈렉 Shrek」에 나오는 주인공의 몸은 모두 녹색 빛깔을 하고 있으며, 서양에서 제작된 많은 포스터나 SF영화에 등장하는 괴물 문어도 녹색인 경우가 많다. 모두 경계 대상이라는 점을 생각하면 서양인들에게 녹색은 분명히 경계심을 안겨주는 색이다. 요컨대 서양인들은 녹색에 대해 두 가지 감정을 갖고 있다. 밝은 녹색은 평화와 안정, 짙은 녹색은 음산한 불안감이 그것이다.

한국인이 녹색에 대해 신선함이나 평화 따위의 우호적인 감정을 지니고 있는 것과 비교하면, 환경의 영향이 얼마나 큰지 알 수 있다. 환경을 지배하는 듯싶으면서도 환경에 지배당하는 동물, 그게 인간의 모습이다.

색채어의 어원과 상징

색(色)의 어원

色(빛 색, 용모 색)은 인품·성질을 뜻하는 人(사람 인)과 꼬리를 뜻하는 巴(꼬리 파, 천곡 파)가 합쳐진 문자로서, 사람의 성질 또는 용모가 짐승의 꼬리 부분과 어떤 관계가 있음을 나타내고 있다.

일반적으로 짐승들은 성장하여 교미기(交尾期)가 되면 그 신호가 꼬리 부분에 나타나는데, 어미짐승이 되어 교미할 시기를 발견하는 것은 꼬리 부분이 붉은색으로 변했을 때다. 인간 또한 성적으로 흥분하게 되면 얼굴색이 붉어지는 홍조(紅潮)현상이 나타난다. 즉, 발정기에는 꼬리 부분의 빛이 유난히 진해지는 데서 색(色)이라는 뜻이 이뤄지게 되었다.

인간의 성적 욕망을 색욕(色慾)·색정(色情)이라 하거나, 성(性)
생활에 미쳐 비정상적인 행동을 하는 사람을 색마(色魔)·색광
(色狂)이라 표현하는 것은 여기에 바탕을 두고 있다.

그런가 하면 불가(佛家)에서의 색(色)은 눈에 보이는 현상, 곧
물질세계를 뜻한다. 색즉시공(色卽是空)이란 말은 『반야심경』에
있는 말로서, 유형(有形)의 만물인 색(色)은 모두 인연의 소생(所
生, 자기가 낳은 자식)으로서 그 본성은 공(空, 실체가 없고 自性이 없
음)이라는 뜻이다.

희다, 백색(白色), 화이트(white)

'희다'라는 색채어는, 우주 안에서 지구의 운행 궤도를 이끄
는 구심력이 되고 있는 태양을 나타내는 순 우리말 'ㅣ'에서 파
생되어 '희다'라는 말로 정착되었다.

한자 '白(흰 백)'자는 태양을 의미하는 '日'자 위에 빛을 가리
키는 한 획(/)을 내리그어 이루어졌다. 그러므로 흰색은 '밝음과
끊이지 않음'을 의미하고 나아가 '영원불멸'을 상징한다.

영어 white는 '빛이 있는' '빛나는'을 뜻하는 고대영어 hwit에
어원을 두고 있다. 해가 세상을 밝게 비춰주는 대낮의 색이 곧
흰색인 것이다.

한편 영국에서는 정부(政府) 보고서의 표지에 '있는 그대로
의 정직한 내용'이라는 의미에서 흰 종이(White Paper)를 붙였었

는데, 1836년 이것을 일반인에게도 배포하게 되면서부터 정부 보고서를 백서(白書)라 하였다. 백서는 정부가 경영하는 모든 경제의 정책과 예상 효과까지를 망라한 일종의 보고서이기에, 일반적으로 백서를 경제백서라고 한다.

붉다, 홍색(紅色), 레드(red)

'붉다'라는 색채어는 인류 문명의 불빛을 밝히고 그 발전의 촉진제 역할을 했던 '불(火)'에서 파생되었다. 다시 말해 붉은색은 불의 색을 표현한 것이다.

한자 '紅(붉을 홍)'자는 糸(실 사)변에 工(장인 공)자를 붙여 만들었으니 실이나 비단에 붉은 물감을 들여 가공한 것이 곧 紅이었다. 예부터 중국인들이 붉은색을 행운의 색으로 여겨 좋은 일이 있을 때나 좋은 일을 기원할 때 붉은색을 장식한 데서 비롯된 일이다.

영어 red의 어원은 '붉은'을 뜻하는 라틴어 ruber이며, 붉은색 보석으로 유명한 루비(ruby)와 어원이 같다. 활활 타오르는 불처럼 강렬한 색채를 가리키며, 동시에 피(血)를 상징한다.

푸르다, 청색(靑色), 블루(blue)

'푸르다'라는 색채어는, 동물을 비롯한 우리 인간의 영양원이 되고 있는 '풀(草)'에서 파생되었다.

한자 '靑(푸를 청)'자는 生(날 생)의 변형인 主(주)자 아래 丹(붉을 단)자를 받쳐 만들었다. 불그레한 구리 표면에 생긴 녹을 가리키는 것으로 녹의 색이 푸르다 하여 '푸르다'의 뜻이 됐다.

영어 blue는 '짙은 청색'을 뜻하는 고대영어 bl hawen에 어원을 두고 있으며, 바다에서 느껴지는 푸른 물결을 상징한다.

한편 '블루 먼데이(blue monday)'를 직역하면 '파란 월요일'이지만, 의역하면 '우울한 월요일'이 된다. '우울한 월요일'의 어원을 따져보면 사순절(四旬節)을 앞둔 월요일을 말한다. 이 날 교회는 파란 포장을 둘렀었는데, 순절(旬節)이란 그리스도의 죽음을 상징하는 우울한 기간이므로 그동안에는 세속적인 쾌락을 삼가야 했다. 그런 까닭에 '블루 먼데이'는 자연스럽게 '우울한 날'을 의미하는 말이 되었다. 또한 이에 연유하여 'blue'는 '그리움' 이외에 '우울'이라는 의미도 지니게 됐다.

검다, 흑색(黑色), 블랙(black)

'검다'라는 색채어는, 아궁이에 불을 지피어 땔 때 솥 밑 언저리에 엉기는 '검댕 영'에서 유래되었다. 이 말에서의 '검'에 어미 '-다'가 결합된 것으로, 그을려서 생긴 검은색을 의미한다.

한자 '黑(검을 흑)'자는 囱(굴뚝 창)과 炎(불꽃 염)이 합쳐서 된 글자다. 즉, 불을 땔 때 나는 연기가 창문 사이로 빠져 나가면서 그을려 검어지는 데서 유래된 문자다.

영어 black의 어원은 '어두운'을 뜻하는 고대영어 blac이다. 빛이 없는 컴컴한 상태가 곧 검은색이며, 이에 연유하여 black은 부정적인 상징을 많이 지니게 됐다.

회색(灰色), 그레이(gray)

시멘트는 '접착제'라는 뜻을 가진 희랍어 'Cementos'에서 그 이름이 유래되었다. 인간이 시멘트를 사용하기 시작한 것은 약 7천년 전부터라고 알려져 있으며, 시멘트를 사용한 대표적 건축물로는 피라미드를 꼽을 수 있다.

피라미드에 사용된 시멘트는 석회(石灰)로서 이것은 근세까지도 우리 나라 시골에서 진흙과 더불어 사용했던 '회(灰)'를 가리킨다.

오늘날 사용하는 시멘트는 1847년 영국의 애스피딘이 특허를 낸 포틀랜드 시멘트로서 이것이 우리 나라에 처음 들어왔을 때 바다(洋)를 건너온 회(灰)라 해서 양회(洋灰)라는 이름이 붙여졌다. 회색(灰色)은 바로 그 양회(洋灰)의 색깔을 말한다.

영어 gray는 '은근하게 반짝이는 빛'을 뜻하는 고대영어 gher에 어원을 두고 있으며, 사람의 머리카락이 검은색과 흰색이 섞였을 때 보이는 색을 상징한다.

색채의 상징, 색채의 심리

| 펴낸날 | 초판 1쇄 2003년 8월 15일 |
| | 초판 17쇄 2019년 2월 22일 |

지은이	박영수
펴낸이	심만수
펴낸곳	(주)살림출판사
출판등록	1989년 11월 1일 제9-210호

주소	경기도 파주시 광인사길 30
전화	031-955-1350 팩스 031-624-1356
홈페이지	http://www.sallimbooks.com
이메일	book@sallimbooks.com

| ISBN | 978-89-522-0118-8   04080 |
| | 978-89-522-0096-9   04080(세트) |

089 커피 이야기   eBook

김성윤(조선일보 기자)

커피는 일상을 영위하는 데 꼭 필요한 현대인의 생필품이 되어 버렸다. 중독성 있는 향, 마실수록 감미로운 쓴맛, 각성효과, 마음의 평화까지 제공하는 커피. 이 책에서 저자는 커피의 발견에 얽힌 이야기를 통해 그 기원을 설명한다. 커피의 문화사뿐만 아니라 커피에 대한 일반적인 정보 및 오해에 대해서도 쉽고 재미있게 소개한다.

021 색채의 상징, 색채의 심리

박영수(테마역사문화연구원 원장)

색채의 상징을 과학적으로 설명한 책. 색채의 이면에 숨어 있는 과학적 원리를 깨우쳐 주고 색채가 인간의 심리에 어떤 작용을 하는지를 여러 가지 분야의 사례를 통해 설명한다. 저자는 색에는 나름대로의 독특한 상징이 숨어 있으며, 성격에 따라 선호하는 색채도 다르다고 말한다.

001 미국의 좌파와 우파   eBook

이주영(건국대 사학과 명예교수)

진보와 보수 세력의 변천사를 통해 미국의 정치와 사회 그리고 문화가 어떻게 형성되고 변해왔는지를 추적한 책. 건국 초기의 자유방임주의가 경제위기의 상황에서 진보-좌파 세력의 득세로 이어진 과정, 민주당과 공화당의 대립과 갈등, '제2의 미국혁명'으로 일컬어지는 극우파의 성장 배경 등이 자연스럽게 서술된다.

002 미국의 정체성 10가지 코드로 미국을 말하다   eBook

김형인(한국외대 연구교수)

개인주의, 자유의 예찬, 평등주의, 법치주의, 다문화주의, 청교도 정신, 개척 정신, 실용주의, 과학 · 기술에 대한 신뢰, 미래지향성과 직설적 표현 등 10가지 코드를 통해 미국인의 정체성과 신념을 추적한 책. 미국인의 가치관과 정신이 어떠한 과정을 통해서 형성되고 변천되어 왔는지를 보여 준다.

058 중국의 문화코드

강진석(한국외대 연구교수)

중국의 핵심적인 문화코드를 통해 중국인의 과거와 현재, 문명의 형성 배경과 다양한 문화 양상을 조명한 책. 이 책은 중국인의 대표적인 기질이 어떠한 역사적 맥락에서 형성되었는지 주목한다. 또한, 구체적이고 실제적인 여러 사물과 사례를 중심으로 중국인의 사유방식에 대해 설명해 주고 있다.

057 중국의 정체성 　　　eBook

강준영(한국외대 중국어과 교수)

중국, 중국인을 우리는 과연 어떻게 이해해야 하나? 우리 겨레의 역사와 직 · 간접적으로 끊임없이 영향을 주고받은 중국, 그러면서도 아직까지 그들의 속내를 자신 있게 말할 수 없는, 한편으로는 신비스럽고, 한편으로는 종잡을 수 없는 중국인에 대한 정체성을 명쾌하게 정리한 책.

015 오리엔탈리즘의 역사 　　　eBook

정진농(부산대 영문과 교수)

동양인에 대한 서양인의 오만한 사고와 의식에 준엄한 항의를 했던 에드워드 사이드의 오리엔탈리즘. 이 책은 에드워드 사이드의 이론 해설에 머무르지 않고 진정한 오리엔탈리즘의 출발점과 그 과정, 그리고 현재와 미래의 조망까지 아우른다. 또한 오리엔탈리즘이 사이드가 발굴해 낸 새로운 개념이 결코 아님을 역설한다.

186 일본의 정체성 　　　eBook

김필동(세명대 일어일문학과 교수)

일본인의 의식세계와 오늘의 일본을 만든 정신과 문화 등을 소개한 책. 일본인을 지배하는 이데올로기는 무엇이고 어떤 특징을 가지는지, 일본을 주목해야 하는 이유는 무엇인지 등이 서술된다. 일본인 행동양식의 특징과 토착적인 사상, 일본사회의 문화적 전통의 실체에 대한 분석을 통해 일본의 정체성을 체계적으로 살펴보고 있다.

261 노블레스 오블리주 세상을 비추는 기부의 역사

예종석(한양대 경영학과 교수)

프랑스어로 '높은 사회적 신분에 상응하는 도덕적 의무'를 뜻하는 노블레스 오블리주. 고대 그리스부터 현대까지 이어지고 있는 노블레스 오블리주의 역사 및 미국과 우리나라의 기부 문화를 살펴보고, 새로운 시대정신으로 노블레스 오블리주를 부활시킬 수 있는 가능성을 모색해 본다.

396 치명적인 금융위기, 왜 유독 대한민국인가 eBook

오형규(한국경제신문 논설위원)

이 책은 전 세계적인 금융 리스크의 증가 현상을 살펴보는 동시에 유달리 위기에 취약한 대한민국 경제의 문제를 진단한다. 금융안정망 구축 방안과 같은 실용적인 경제정책에서부터 개개인이 기억해야 할 대비법까지 제시해 주는 이 책을 통해 현대사회의 뉴노멀이 되어 버린 금융위기에서 살아남는 방법을 확인해 보자.

400 불안사회 대한민국, 복지가 해답인가 eBook

신광영 (중앙대 사회학과 교수)

대한민국 사회의 미래를 위해서 복지는 선택이 아니라 필수라고 말하는 책. 이를 위해 경제 위기, 사회해체, 저출산 고령화, 공동체 붕괴 등 불안사회 대한민국이 안고 있는 수많은 리스크를 진단한다. 저자는 사회적 위험에 대응하기 위한 복지 제도야말로 국민 모두의 삶의 질을 높일 수 있는 길이라는 것을 역설한다.

380 기후변화 이야기 eBook

이유진(녹색연합 기후에너지 정책위원)

이 책은 기후변화라는 위기의 시대를 살면서 우리가 알아야 할 기본지식을 소개한다. 저자는 기후변화와 관련된 핵심 쟁점들을 모두 정리하는 동시에 우리가 행동해야 할 실천적인 대안을 제시한다. 이를 통해 독자들은 기후변화 시대를 사는 우리가 무엇을 해야 할 것인지에 대하여 생각해 볼 수 있을 것이다.

사회 · 문화

eBook 표시가 되어있는 도서는 전자책으로 구매가 가능합니다.

(주)살림출판사
www.sallimbooks.com
주소 경기도 파주시 문발동 522-1 | 전화 031-955-1350 | 팩스 031-955-1355